화해

화해

진실, 자비, 정의, 평화가 어우러지는 참된 회복

초판 1쇄 인쇄 | 2024년 5월 20일
초판 1쇄 발행 | 2024년 5월 31일

지은이 존 폴 레더락
옮긴이 김복기·허윤정
책임편집 손성실
편집 조성우
디자인 권월화
펴낸곳 생각비행
등록일 2010년 3월 29일 | 등록번호 제2010-000092호
주소 서울시 마포구 월드컵북로 132, 402호
전화 02) 3141-0485
팩스 02) 3141-0486
이메일 ideas0419@hanmail.net
블로그 ideas0419.com

ⓒ 생각비행, 2024
ISBN 979-11-92745-26-8 03230

책값은 뒤표지에 적혀 있습니다.
잘못된 책은 구입하신 서점에서 바꾸어드립니다.

표지 이미지: 게티이미지뱅크

화해

진실, 자비, 정의, 평화가 어우러지는 참된 회복

존 폴 레더락 지음 | 김복기·허윤정 옮김

평생 신앙의 여정을 위해
우리 부부를 이끌어 주고, 지탱해 주고, 사랑해 주신
나의 부모님 존 M. 레더락과 나오미 K. 레더락,
웬디의 부모님 오머 릭티와 메리 릭티에게
이 책을 바칩니다.

지난 30년간 나는 전쟁과 갈등을 겪고 있는 지구촌 곳곳에서 일할 기회가 있었다. 평화를 추구하는 일은 콜롬비아와 중앙아메리카, 소말리아, 케냐, 에티오피아와 서아프리카 지역, 바스크 지역, 북아일랜드, 필리핀, 버마, 네팔 등지로 나를 이끌었다. 나는 치누아 아체베Chinua Achebe가 쓴 고전을 곧잘 떠올린다. 아체베는 19세기 말 나이지리아 선주민들이 경험한 엄청난 변화를 표현하기 위해 책 제목을 《모든 것이 산산이 부서지다Things Fall Apart》로 정했다. 그 제목을 보면 민족국가의 분열에서부터 점증하는 민족 간 갈등과 종교 갈등에 이르기까지 우리 모두가 모든 것이 산산이 부서지는 시대를 살아가는 듯 느껴진다.

아침마다 간밤에 무슨 일이 일어났는지 보려고 신문을 펼치기가 두려울 지경이다. 우리를 둘러싼 이런 현실 속에서 화해에 관한 책을 쓰는 일은 현실을 외면하거나 무모한 행동일지 모른다. 어쩌면 화해의 글을 쓰기 위해 믿음과 희망이 필요한지도 모르겠다.

화해 그리고 평화 세우기와 관련된 나의 일에 관해 이야기할 때마다 어려움과 보람을 어떻게 전달해야 할지 몰라 고민스러웠다. 아울러 그런 노력에 계속 동참할 수 있는 신학적 토대를 보여 주고 싶기도 하다. 한번은 어느 모임의 강연을 앞두고 있을 때 딸 앤지가 실로 유익한 조언을 해 주었다. "아빠, 그냥 이야기를 들려주세요. 나머지는 다 잊어버리고요!"

이 책에서 나는 오늘날 세상에서 화해와 관련된 현실적인 어려움과 이해를 살펴보려 한다. 그 내용을 경험과 이야기로 구체화할 것이다. 이야기는 정의나 주해, 이론적 설명과 다르다. 우리가 소통하고 배움을 얻는 사람, 우리와 싸우고 대립하는 사람, 우리에게 단언하며 이의를 제기하는 사람 등 각자의 자질이 이야기 속에서 드러난다. 이야기는 우리의 생각과 마음을 사로잡는다. 우리는 중재와 갈등전환에 관해 숱한 이야기를 나눠야 한다. 이야기를 들려주고 들을 필요가 있다는 사실을 믿어야 한다. 그리고 사람들의 이야기 속에서 공유되는 경험이 존중받는 자리를 만들기 위해 노력해야 한다.

화해의 길을 따라가는 이야기

지극히 어렵고, 고통스럽고, 종종 폭력적이기까지 한 상황에서 중재자 역할을 하며 나는 이야기가 우리와 함께 여행하는 영혼의 동반자임을 깨달았다. 서로 부딪칠 때도 있지만 대개 우리는 나란히 걷는다. 같은 이야기가 되풀이되더라도 나는 이야기에 의지해 통찰, 느낌, 도전 의식, 위안을 얻는다. 이야기 속에서 나 자신을 발견하고 다른 사람들과의 접촉점을 찾는다.

갈등은 여정 같기도 하다. 우리는 혼란이나 문제, '상황'에 '빠졌다가' 거기서 '나오는' 이야기를 한다. 어떤 문제에 대해 우리가 '어디에 있는지', 누군가 터무니없는 생각을 하고 있다면 그가 '어디로 향하는지' 파악하려고 한다. 우리는 여정을 이야기한다. 인간의 다른 어떤 경험보다도 갈등 속에서 새롭고 심오한 방식으로 자신과 타인을 바라보며, 우리 안에 깃든 사랑과 진실을 회복하려 한다. 우리가 주고받는 말과 당면한 문제들 너머를 볼 수 있다면, 우리는 하나님을 보게 될 것이다.

뿌리 깊은 갈등은 엄청난 스트레스와 고통을 준다. 최악의 경우에는 폭력적이고 파괴적이다. 하지만 동시에 가장 강렬한 영적 만남을 선사하기도 한다. 갈등은 계시와 화해를 향한 길, 거룩한 길을 열어 준다.

이 책은 이런 거룩한 길을 걸어가려고 노력하는 나의 경험과 생각을 담고 있다. 그것들은 화해를 향한 내 여정에서 나온 이야기다. 내가 듣거나 경험한 이야기들을 나눌 텐데, 이렇게 다시 이야기할 때마다 새로운 통찰을 얻는다. 이 이야기들은 갈등과 화해를 들여다보는 창이다.

내가 펼칠 이야기는 신앙인이자 평화를 일구는 중재자, 사회학자, 가르치는 사람이자 늘 배우는 사람의 개인사에 해당한다. 이 책에서 나는 화해에 관해 정련된 사회학 이론을 전개하거나 갈등을 다루는 방법을 안내할 생각이 없다. 내가 추구하려는 것은 다르다. 평화를 세우는 전문가이자 학자로서 나는 내 일을 뒷받침해 주는 영적 토대를 탐구하고자 한다. 내가 일에서 마주하는 숱한 도전과 동기를 부여하고 나를 지탱해 주는 신앙의 다양한 차원을 바라보는 방식을 여러분과 함께 검증하고 싶다.

화해의 최전선으로

이 책의 초판은 1999년에 썼는데 내가 속한 아나뱁티스트Anabaptist 공동체의 구성원들이 주요 독자였다. 메노나이트, 아미시, 그리스도 형제단Brethren in Christ, 형제단 교회Church of Brethren 등의 신앙 전통을 아우르는 아나뱁티스트 운동은 종교개혁 시기에 시작되어 오늘날까지 다양한 형태로 지속되고 있다. 아나뱁티스트 기독교인들은 일반적으로 성인 세례, 제자도, 소박한 생활양식, 다른 사람들을 위한 봉사, 평화주의를 강조하며 복음의 핵심으로서 거룩한 삶을 중시한다. 이런 가치들은 아나뱁티스트의 전유물은 아니지만(내 경우를 보면 퀘이커 전통을 따르는 여러 스승과 멘토에게서 똑같은 영향을 받았다.) 아나뱁티스트 신앙 공동체 안에서 매우 중요한 방식으로 함양되어

왔다. 이 신앙인들은 내게 평화 만들기라는 유산을 물려주고 내 여
정에 나침반을 제공했다. 나는 그에 대한 책무가 있다.

그런데 이 책의 초판이 나온 뒤로 그리스도 복음의 핵심 요소인
평화와 화해에 대한 관심이 아나뱁티스트 운동을 넘어 멀리 퍼져 나
갔다. 많은 복음주의 및 주류 개신교 신자들과 가톨릭 신자들이 오
랫동안 평화 만들기를 신앙의 핵심 가치로 인정하고 있지만 지난 몇
년 사이에 평화에 대한 노력이 개신교와 가톨릭교회 사이에서 한층
더 확산했다. 게다가 주목해야 할 점은 평화를 일구려는 노력이 기
독교 밖의 다른 종교 전통에서도 점점 깊이 있게 탐구되고 있다는
사실이다. 이런 변화에는 수많은 이유가 있을 수 있는데 여기서 일
일이 살펴볼 시간은 없다. 다만 신앙에서 영감을 받는 여정 가운데
솟아나는 깊은 열망과 소명 의식을 느끼는 다양한 사람들에게 이 개
정판의 이야기와 생각과 성찰이 반향을 불러일으키길 기대한다.

이쯤에서 감사의 말씀을 전해야겠다. 이 개정판이 풍성해질 수
있도록 자료를 제공해 준 분들의 지혜와 이야기에 감사한다. 아울
러 이 개정판이 폭넓은 독자에게 닿을 수 있다는 가능성을 보고서
출간하기까지 수고를 아끼지 않은 헤럴드 출판사 편집부와 마케팅
부에도 감사한다.

이 책의 이야기를 통해 독자들이 갈등전환과 평화 세우기라는 혼
란스러운 도전에 함께 함으로써 치유의 길을 발견하고, 마틴 루서
킹 주니어가 "사랑하는 공동체"라고 부른 곳으로 들어가는 문을 찾

길 희망한다. 아울러 이 책을 통해 내 신념을 투명하게 드러내는 것은 물론, 기독교 내부의 대화에 우선 참여할 수 있길 바란다.

우리가 화해의 사명을 짊어지려 한다면 담대하게 꿈꾸고, 동시에 그 꿈을 실현하는 열정적인 실용주의로 대응해야 한다. 우리는 인류의 역사 내내 화해하는 모습을 드러내며 일하시는 하나님의 핵심 비전에 맞춰 가야 하는 도전에 직면해 있다.

존 폴 레더락

차례

머리말 006

1 ≪ 내 딸에 대한 협박   016

     원수를 위한 희생   018

     평화: 유토피아적 환상인가, 성경 속의 꿈인가?   021

     꿈꾸기   023

     성서적 이해를 향하여   030

2 ≪ 하나님의 얼굴을 향해 돌아서기: 야곱과 에서   033

     갈등 속에서 태어나다   035

     축복을 받다   038

     도망   042

     회향   045

     만남   048

     포옹   050

     여정으로서의 화해   052

     만남으로서의 화해   053

     장소로서의 화해   054

3 ≪ 화해의 기술: 예수   056
- -

예수 그리고 임재의 방식   057

이웃을 사랑하라: 인간성에 주목하기   059

너 자신을 사랑하라: 자기 성찰과 자기 돌봄   064

하나님을 사랑하라: 동행   069

예수 오용   074

4 ≪ 태초에 갈등이 있었느니라: 창조   077
- -

창조 약속   080

인류: 역동적인 조합   083

5 ≪ 갈등이 불붙어 도움을 외쳐야 할 때: 시편   088

저기 '미국놈'이 있다. 저놈 잡아라!   091

대령   096

자신이 증오하는 대상에 주의하기   101

시편 저자의 절규   105

6 ⫷ 진실, 자비, 정의, 평화: 시편 85편   108

　진실 자매와 자비 형제   109
　만남   112
　모두가 말할 수 있는 공간   119

7 ⫷ 두세 사람이 만나는 자리: 마태복음 18장   123

　실천 지침   125
　1단계: 직접 가기   129
　2단계: 한두 증인을 데리고 가기   134
　3단계: 교회에 말하기   137
　4단계: 세리와 같이 대하기   140

8 ⫷ 침묵과 경청: 사도행전 15장   143

　갈등을 다루는 원칙과 단계   146
　경청: 갈등의 영적 측면   155
　교회에 미치는 영향   162

9 « 화해가 곧 복음이다: 바울 서신   164

하나님 사명의 목적   165

만물이 하나가 되다   166

하나의 신인류   168

순수보다는 화해   170

진정한 속죄   172

페드리토의 꿈   173

샘 도의 꿈   176

화해의 꿈   179

자료   183

갈등 이해를 위한 도구   184

    대인관계 갈등 184 | 교회 갈등 191 | 국제 갈등 205

예배 자료   217

    기도문 217 | 시편 85편에 기초한 드라마 223

갈등과 화해에 관한 추가 연구 자료   232

실천으로 초대하기   241

옮긴이의 말 253

1

내 딸에 대한 협박

때로는 한 사건이 한 사람의 인생을 영원히 바꿔 놓기도 한다. 그런 사건은 세월이 흘러도 방금 전 일처럼 또렷하고 생생하게 떠오를 것이다. 어느 날 저녁, 코스타리카 산호세에 있는 우리 집에 걸려 온 전화 한 통을 받은 일이 그랬다.

전화벨이 울렸을 때 나는 침대에 누워 세 살배기 딸 앤지에게 책을 읽어 주고 있었다. 수화기 저편에서 니카라과 정부를 상대로 싸우는 미스키토족Miskito 무장 반군 부대장의 친숙한 목소리가 들려왔다. 그는 1987년 격동의 한 해를 보내면서 가까운 사이가 된 친구였다.

"존 폴, 좀 괴로운 소식이 있어요. 당신 딸을 납치할 계획이 있다는 정보를 입수했어요. 당신을 이곳에서 쫓아내려는 속셈이래요."

이 글을 쓰고 있는 지금도 그때를 생각하면 몸이 부들부들 떨리며 얼굴이 하얗게 질리고 심장이 쿵쾅거린다.

"그게 무슨 말이죠?" 나는 바싹 타들어 가는 입으로 더듬거리면서도 정신 줄을 놓지 않으려고 애썼다.

"자세한 내용은 전화로 말할 수 없어요. 내일 만나서 얘기합시다. 하지만 잘 들어요. 상황이 매우 심각하고 세 글자 소년들이 관련되어 있어요."

세 글자 소년들이란 CIA(미국 중앙정보국)를 가리키는 말이었다. "당신 부인에게 평소 하던 일을 모두 중단하라고 하세요. 내일 아이들을 학교에 보내지 말고요. 문도 열지 말고 상황을 예의주시해야 해요."

악몽을 꾸는 것처럼 그의 말이 비현실적으로 들렸다. 우리가 대화를 더 이어갈 수 없다는 사실을 알았지만 그렇다고 전화를 그냥 끊을 수는 없었다.

"이봐요, 사태가 얼마나 심각한 거죠?" 이 말이 저절로 나왔다.

"존 폴, 당신은 이제 우리 일원이 됐어요." 나는 그가 마지막으로 남긴 이 말을 결코 잊지 못할 것이다.

전화를 끊고 딸에게 돌아왔지만 아이는 잠잘 생각이 없는 듯했다. 마음이 요동치는 가운데 불쑥 떠오른 질문 하나가 머릿속에서 맴돌았다. '대체 내가 우리 가족을 무슨 일에 끌어들인 거지?'

나는 가족을 평화 세우기 현장으로 데려왔다. 나는 니카라과의 산디니스타Sandinista(니카라과의 사회주의 정당-옮긴이) 정부 지도자들과 동부 해안의 반정부 세력인 미스키토족 지도자들을 중재하려고 노력해 온 교회 지도자 팀의 일원이었다. 협상 목표는 8년 가까이 이어진 전쟁을 끝내는 것이었다. 다른 중재자들이 니카라과 내륙에 있었지만 그들은 니카라과와 나머지 지역의 긴장 관계 때문에 이동하기 어려웠다.

전화를 받기 전 몇 달 동안 나는 니카라과의 마나과에 있는 산디니스타 정부 관료들과 코스타리카에 있는 반군 지도자들 사이에서 메시지를 전달하는 소통 창구가 되었다.

이튿날 훨씬 경악스러운 정보를 듣고서 우리 가족은 황급히 집을 나와 그 나라를 떠났다. 그로부터 몇 달이 지나 나는 중재를 계속하기 위해 홀로 코스타리카로 돌아왔다. 마침내 협상 자리가 마련되었고 정전이 체결되었다.

이 과정에서 원주민들과 개별 협상을 원하지 않는 사람들이 점점더 협박과 폭력을 일삼았다. 이후로 숱한 불면의 밤을 지새우며 나는 끊임없이 떠오르는 하나의 생각에 시달려야 했다. '평화를 추구하는 일은 숭고하다. 하지만 대체 얼마만큼의 대가를 치러야 하는가?'

원수를 위한 희생

━◀◀◀━

많은 어린이가 교회의 주일학교에서 요한복음 3장 16절을 암송하

느라 시간을 쓴다. 중앙아메리카에 가족과 함께 머물며 전쟁 상황 속에서 수년간 일한 후로 이 유명한 성경 구절은 내게 완전히 새로운 의미로 다가왔다. 우리는 전통적으로 요한복음 3장 16절을 정형화된 교리로 이해한다. 그리고 "그를 믿는 사람마다 … 영생을 얻게 하려는 것이다"라는 부분에 방점을 찍는 경향이 있다. 신앙 측면에서 믿음은 중요하다.

요한복음 3:16
하나님께서 세상을 이처럼 사랑하셔서 외아들을 주셨으니, 이는 그를 믿는 사람마다 멸망하지 않고 영생을 얻게 하려는 것이다.

이 구절을 다시 한번 살펴보자. 여기에는 한 아이를 포기한 부모의 이야기가 깔려 있다. 우리 자식이 위협을 받는 상황에서 웬디와 나는 이 이야기를 너무도 생생하게 경험했다. 맏딸인 앤지와 둘째인 아들 조슈아는 나에게 가장 소중한 선물이었다. 우리 부부는 두 아이를 키우고 사랑하면서 온갖 어려움을 겪었고, 정성을 쏟고, 불면의 밤들을 보냈다. 남매 사이에 다툼이 있기도 했지만, 이 아이들은 무엇과도 견줄 수 없는 인생의 선물이다.

바로 그런 이유로 그 전화 한 통이 나를 흔들어 깨우고 내 시각을 바꾸어 놓았다. 나는 궁극적 희생이라는 현실을 마주했다. 전화를 받은 그날 밤, 수화기 너머로 얘기를 들으면서 내 얼굴이 하얗게 질렸다고 했을 때 진짜 말 그대로였다. 심장이 짓눌리는 엄청난 통증을 느꼈다.

나를 향한 협박이라면 직시할 수 있지만 하나뿐인 딸아이를 겨냥

한 협박을 어찌 직시할 수 있겠는가? 딸을 잃는 희생을 감내할 정도로 가치 있는 활동이 과연 뭐가 있을까? 니카라과에서 평화를 추구하는 일이 내 아이의 목숨만큼 소중할까? 한번 생각해 보라. 자식을 포기해 가면서까지 이루어야 할 정도로 그렇게 중요한 것이 있는가?

요한복음 3장 16절에서 우리는 이 희생적인 선택이 하나님께서 화해를 추구하는 일의 중심에 있음을 알게 된다. 아버지이자 인간인 나는 불의하고 호전적인 원수들과 화해하기 위해 가장 귀한 선물을 포기한 하나님을 이해할 수 없다.

가족이나 친구들을 위한 희생은 이해할 수 있다. 예컨대 내 아이의 목숨을 구할 수만 있다면 위험한 수혈도 주저하지 않고 내 목숨마저 서슴없이 내어 줄 것이다. 그러나 **원수들을 위해** 그렇게 하는 것은 도저히 이해하기 어렵다.

나는 요한복음 3장 16절을 구원에 대한 간단한 교리로 더는 받아들일 수 없다. 화해의 기본 원칙으로서만 그 구절을 이해할 수 있다. 그것은 원수를 위해 기꺼이 희생하려는 마음에 기초한 윤리다. 헤아릴 수 없는 하나님의 사랑과 은혜를 통해서만 가능하고 뒷받침되는 윤리다.

나는 중앙아메리카에서 우리 가족을 보호해 주신 일부터 수많은 결점을 덮어 주신 은혜에 이르기까지 실로 다양한 방식으로 하나님의 사랑을 경험했다. 그 사랑이 세상에 전해지길 염원하지만 그것이 얼마나 크고 깊은지 거의 이해하지 못하고 있다는 사실을 인정한다. 몇 번이고 내 부족함을 깨닫는다. 하물며 그 사랑을 온전히 실천하며 살기에는 너무나 부족하다. 그 사랑이 궁극적으로 삶을 지속시키고 하나님이라는 분의 본성을 이루는 정수라는 것을 알 뿐이다. 하나님은 자기를 희생해 원수와 화해를 추구하는 분이시다.

평화: 유토피아적 환상인가, 성경 속의 꿈인가?

나는 장기 분쟁과 전쟁이 있는 곳에서 오랜 세월 일해 왔다. 앞서 얘기한 전화 사건에서 드러나듯 이 일을 하면서 내가 취약한 존재임을 언제나 절감한다. 그런데 여기에는 개인적인 측면 이상의 상황이 존재한다. 전쟁은 매우 복잡한 이유로 일어나며 아주 다양한 층위의 활동과 결과로 전개된다. 전쟁의 원인은 몇 세대에 걸친 사람들 사이의 원한과 분쟁의 역사에서 비롯된다. 거기에는 여러 국가가 개입하고 복잡한 이해관계가 얽혀 있다.

그리스도인들은 곧잘 평화를 이야기한다. 어떤 때는 내면의 평화를 의미하는데, 이때 개인은 하나님과의 관계가 편안하고 좋다고 느낀다. 가족, 친구, 직장동료와의 조화로운 관계를 이야기하면서 **평화**라는 단어를 사용하기도 한다. 많은 교회에서 평화를 그 정도 선에서 언급한다. 국가적, 국제적 차원에서 올바른 관계를 일컫는 평화를 논하는 일은 위협적이거나 정치적이라고 여기거나 우리가 상

1_내 딸에 대한 협박

상할 수 있는 범위를 넘어선다고 치부한다. 국제적으로 화해와 평화를 이루는 일은 엄청나게 복잡한 과제이기에 많은 이들이 아는 바대로 기도하는 것조차 소용없다고 느낀다. 어떤 것도 기여할 수 없다는 생각이 들 수도 있다. 가족이나 교회의 형제자매들과도 평화롭게 지내지 못하는데 장기간의 국제적 갈등 앞에서 무엇을 해 줄 수 있다고 생각하겠는가? 전쟁이 한창일 때 우리는 당사자들의 감정과 인식을 이해하기 어렵다는 사실을 깨닫는다. 전쟁이라는 지독한 잡초를 뿌리 뽑고 그곳에 평화를 심을 수 있게 화해의 장이 마련되도록 돕고 싶지만, 그런 목표는 아련해 보인다. 대개는 희망이 없는 것 같고 유토피아적인 꿈으로 느껴진다.

한동안 나는 꿈꾸기라고 알려진 인간 활동에 흥미를 느꼈다. 내가 꿈꾸기를 처음으로 확실하게 접한 것은 이런 질문을 받았을 때였다. "너는 커서 뭐가 되고 싶니?" 나이를 먹을수록 이 질문은 점점 귀찮아졌다. 하지만 어렸을 때는 흥미진진한 질문이었고, 선택지가 아주 많았다. 어린 나는 눈을 동그랗게 뜨고서 순진무구하게 질문을 마주했고 생각은 한없이 뻗어 나갔다. 무엇이든 다 가능했다.

우리 집안에서는 그 질문에 내가 처음으로 한 대답이 아직도 화제에 오른다. 듣자 하니 일부 어른들이 좋은 뜻에서 나와 친구 몇 명에게 장래 희망을 물었다고 한다. 한 친구가 재빨리 "소방관이요"라고 답했다. 그다음에 대답한 친구는 "의사요"라고 했다. 그러자 내가 한껏 고무되어서는 "저는 축구공이 될래요"라고 답했단다.

'성장'과 '성숙'의 과정을 거치며 우리는 유년 시절의 꿈에서, 뭐든지 가능하다고 여기는 순진무구한 상태에서, 어른의 현실로 옮겨간다. 성장한다는 것은 "현실적이게 된다"는 의미인 듯하다. 우리는 현실 세계의 일부가 되도록 요구받는다. 그러나 이 과정에서 잃는 것이 생길까 봐 우려스럽다. 솔직히 말해 "꿈꾸는 사람"이라는 특정 인종이 사라질까 봐 걱정스럽다.

이 시대에는 꿈꾸는 사람이 드문 듯하다. 나는 시인 랭스턴 휴스Langston Hughes의 말을 자주 인용하는데, 그는 자신의 시에서 비슷한 염려를 표한다. 〈꿈을 간직한 자The Dream Keeper〉라는 시에서 휴스는 "세상의 거친 손가락들"로부터 보호받을 수 있도록 우리의 꿈을 모두 가져오라고 외친다. 또한 〈꿈Dreams〉이라는 시에서는 "꿈을 단단히 붙잡으라"라고 충고한다. 꿈이 없는 삶은 "얼어붙고", "척박하며", "날개가 부러진 새"처럼 날아오르지 못하기 때문이다.

꿈꾸기

꿈꾼다는 것은 현재와 미래를 연결하는 단순한 행위와 관련되어 있다. 나는 현재와 미래를 잇는 방법이 적어도 두 가지가 있다는 것을 깨달았다. 먼저, 미래를 연구하는 사람이라고 하면 손금 보는 사람이나 주식중개인 같은 사람, 앨빈 토플러Alvin Toffler나 존 나이스비

1_내 딸에 대한 협박

트John Naisbitt 같은 초기 미래학자, 혹은 기술이나 정치 동향을 예측하는 좀 더 최근의 예언자를 떠올릴 것이다. 이들은 시대와 징후를 읽은 뒤 미래에 어떤 세상이 올지 예견함으로써 꿈꾸는 것을 가로막는다. 간단히 말해 그들은 현재 상황을 보고 그런 현실에 근거하여 무슨 일이 일어날지 제시한다. 이를 가리켜 우리는 **현실주의**라고 부른다. 꿈꾸기의 또 다른 형태는 **예언자적 눈과 목소리**를 수반한다.

현실주의: 우리를 둘러싼 세계의 정세를 현실주의적 관점으로 바라보면 눈앞의 현실은 도전적이면서도 압도적이다. 우리는 지구 행성에서 욕구로 가득한 인류 속에서 살아간다. 우리가 집home이라고 부르는 이 가옥을 몇 개의 창을 통해 잠시 들여다보자. 우리가 현실 세계에 맞춰 살아가기 위해 어떤 선택을 해 왔는지 살펴보자.

20세기의 마지막 10년은 걸프전과 함께 시작되었다. 수백만 명이 사는 나라를 군사적으로 해방시키겠다며 미국은 걸프전에 국가적 자원을 쏟아부으면서 전례 없는 노력을 기울였다. 그전까지는 인간의 기본 욕구를 다소나마 해결하기 위해 국내에서나 국외에서 그런 노력과 자원을 쏟아부은 적이 없었다. 걸프전 초기 몇 달 동안 수십억 달러를 썼는데 이는 유엔 세계식량계획WFP의 연간 예산 200년 치와 맞먹는 금액이었다. 미국이 이라크 전역에서 벌인 초기 열 번의 폭탄 공습에 들인 비용은 20세기의 마지막 10년간 국내 주요 도시에서 노숙자들에게 쉼터를 제공하기 위해 쓴 비용보다 많았다.

새천년이 열리고 우리는 미국 역사뿐 아니라 세계사에 기록될 2001년 9월 11일을 경험했다. 테러와의 전쟁이 선포되었고 이라크와 아프가니스탄에서 또 다른 무력 충돌이 촉발됐다. 그러나 전쟁은 그게 다가 아니었다. 평화 연구자들은 전투 중 사망자 수로 갈등 정도를 측정한다. 전사자가 연간 최소 25명이 되어야 무력 충돌로 간주하고, 1000명 이상이면 전쟁이라고 부른다. 2009년에는 전 세계적으로 30번이 넘는 무력 충돌과 12번의 전쟁이 있었다. 제2차 세계대전 이래 150개 지역에서 236건의 전쟁이 수많은 생명을 앗아 갔다. 이런 지역은 대부분 남반구에 몰려 있는데, 그곳은 무력 충돌과 더불어 극도의 빈곤과 숱한 질병, 열악한 교육과 낮은 기대 수명이 공존한다.

지구라는 집에서 같이 살아가는 가족인 우리는 무기를 생산하고 판매하고 유통하는 데 엄청난 시간과 귀중한 자원을 쓰고 있다.° 공식적인 정부 지출만 봐도 자국을 보호한다는 명목으로 연간 1조 4640억 달러를 지출한다. 이른바 국방비다.

지구 가족인 우리가 단 하나의 궁극적 목적을 위해 어마어마한 금액을 쓰고 있는 셈이다. 그 목적이란 생명을 빼앗고 파괴하는 일이다.

°   John Paul Lederach, *The Poetic Unfolding of the Human Spirit*(Kalamazoo, MI: Fetzer Institute, 2011), 10-11.

1,464,000,000,000달러.

참으로 이해하기 힘든 수치다. 0의 개수가 맞는지 확인하려고 몇 번이나 다시 세어 봐야 했다.

어쩌면 다른 수치와 비교해 보는 편이 이해하는 데 도움이 될지도 모르겠다. 현재 유엔에는 195개국이 가입되어 있다(2024년 현재 유엔 회원국은 193개국이다. – 옮긴이). 그중 **극도로 가난한** 140개국(유엔 가입국의 3분의 2 이상)의 국가 예산을 다 합해도 1조 4260억 달러가 채 안 된다. 또한 2009년 세계은행World Bank 보고서에 따르면 세계 인구의 절반이 하루 2.5달러 미만의 비용으로 생활하며 80퍼센트는 하루 10달러 미만의 비용으로 살아간다. 같은 해에 유니세프UNICEF는 5세 미만 아동 중 2억 명이 식량 부족과 영양 결핍으로 성장 부진을 겪고 있다고 보고했다.

◉   **식량의 강과 사람의 강**

세계 지도에서 식량 공급을 강으로 시각화하면 그 강은 매우 불균등하게 흐른다. 부유한 나라와 부자들이 사는 곳에는 미시시피강처럼 넓은 **식량의 강**이 흐른다. 반면 식량이 부족한 수많은 인구가 있는 곳을 보면 영양실조와 기아로 고통받는 이들이 식량의 강에 아주 가까이 산다는 사실과 식량의 강이 너무 자주 말라 버려 사람들이 도착하기도 전에 그 지류들이 고갈된다는 사실을 알 수 있다. 2009년 로이터 통신은 미국 인구의 10퍼센트에 해당하는 3220만 명이 푸드 스탬프food stamp(미국 정부가 저소득층에 식품 구입용 바우처나 전자카드로 식비를 지원하는 제도–옮긴이)를 받으며 먹고사는 문제로 허덕거린다고 보고했다.

그럼 이제 인구를 강으로, 이를테면 **사람의 강**을 상상해 보자. 사람들의 이동이 금세 눈에 띌 것이다. 사람들은 직업과 희망을 향해 나아가고 고통과 폭력에서 멀어지려 한다. 그들은 수도로 향하고 있고, 전 세계적으로 보면 유럽과 북미로 이동한다. 무력 충돌이 끊이질 않는 샘에서 얼마나 많은 강의 지류가 나오는지, 우리는 모르려야 모를 수가 없다. 2013년 세계 난민의 날을 맞아 유엔난민기구UNHCR는 4870만 명이 전쟁 때문에 고향을 떠나거나 피난민이 되었다고 보고했다. 이 보고서와 자료에는 작은 사실이 하나 숨어 있다. 강물처럼 흐르는 난민의 70퍼센트가 엄마와 아이들이라는 사실이다. 폭력을 피해 고향을 떠났지만 국경을 넘지 못해 자기네 나라 안에서 유랑하는 사람이 지난 10년간 2600만 명에 이른다. 콜롬비아에서만 500만 명이 내전 때문에 떠돌이로 살고 있다. 세계적으로 보면 1억 명 이상이 집 없이 떠돌고 있으며, 10억 명이 적절한 주거지 없이 사는 것으로 추산된다.

이것이 오늘날 우리가 사는 세계의 실상이다. 이런 창문으로 우리 행성을 들여다본다면 다른 것은 몰라도 우리가 폭력적인 세계에 살고 있음을 알 수 있다. 세계의 자원은 공평하게 분배되지 않으며 인간의 기본 욕구를 충족하는 방향으로 개발되지 않고 있다. 인종차별이나 두려움이 맹위를 떨친다. 보건, 교육, 주거 문제는 국내적으로나 국제적으로 우선순위에서 바닥을 기고 있다. 사람 간의 갈등은 최고 권력을 쥔 자들이 해결한다. 우리가 사는 세상을 현실적으로 보면 평화는 세상 물정을 잘 모르는 이들이 붙들고 있는 유토피아적 환상인 듯하다.

1_내 딸에 대한 협박

하지만 우리는 객관적 지식과 현실주의를 신중히 받아들여야 한다. 왜냐하면 이 두 가지가 미묘한 전제를 포함하기 때문이다. 현실주의는 현재 상황과 미래의 모습이 같다고 가정한다. 내일이 오늘에 예속되어 있다고 본다. 우리는 현 상황에 무시로 굴복하고 적응한다. "현실적이다"라는 말은 "현실에 맞춘다"거나 "따라간다"는 의미일 때가 허다하다. 우리는 현실 세계에서 일어나는 상황에 맞추려고 꿈을 조정하거나 포기한다. 따라서 현실적이고자 하는 욕망은 우리가 주변 상황을 객관적이고 설명하는 시선으로 바라보게 한다. 또한 우리가 마주하는 현실적인 문제에 두 발을 디디게 한다. 그러나 그런 도전 과제가 나타내는 현실로 자신이 규정되도록 허용해서는 안 된다. 우리가 살아가는 현실을 이해한다고 해서 마땅히 그래야만 하는 상황으로 단순히 수용해서도 안 된다.

예언자적 눈과 목소리: 성경에 나오는 이야기는 꿈꾸는, 즉 현재와 미래를 연결하는 두 번째 접근 방식을 보여 준다. 바로 예언자적 눈과 목소리를 지니고 보이지 않는 현실에 따라 사는 것이다. 여러 면에서 성서는 꿈과 꿈꾸는 사람들에 대한 방대한 선집選集이다. 나는 그 사실이 히브리인들에게 믿음을 설명하는 성경 구절 하나에 요약되어 있다고 생각한다. "믿음은 바라는 것들의 확신이요, 보이지 않는 것들의 증거입니다."(히브리서 11:1) 다른 영어 성경NEB, New English Bible을 보면 "믿음은 우리의 희망에 실체를 부여하고 우리가 보지 못하는 현실에 확신을 줍니다"라고 나온다.

히브리서 저자는 사람들이 이 구절의 추상성에 빠지지 않길 바랐다. 그는 그 확언의 실질적 의미를 명확히 드러내기 위해 본질을 분명히 보여 주는 사례를 열거하며 40절 가까이 덧붙인다. 그 내용은 보이지 않는 현실에 따라 산 사람들이다.

예를 들어 정신 나간 노아는 모든 게 바싹 마른 가뭄 때 홍수를 대비해 방주를 만들었다. 떠돌이 아브라함은 자신이 물려받을 것을 얻으려고 집을 떠났으나 어디로 가고 있는지 몰랐다. 당돌한 사라는 임신할 나이가 한참 지났는데도 아이를 가질 것처럼 행동했다.

성경에서 믿음의 본보기이자 꿈꾸는 사람으로 등장하는 이 인물들은 "구름 떼와 같은 수많은 증인"(히브리서 12:1)으로 알려져 있다. 그들의 꿈꾸기는 현재를 근거로 미래를 예견한 것이 아니었다. 오히려 정반대다. 그들은 미래의 비전에 따라 살면서 현실을 변화시켰다. 성경에서는 그게 바로 "믿음"이라고 말한다.(히브리서 11:39) 그들은 현 상황이 아니라 보이지 않는 비전에 따라 살았다. 그런 비전이 결국 현 상황을 변화시킨다.

클래런스 조던Clarence Jordan은 이 구절을 "믿음은 꿈을 행동으로 바꿔 놓는다"라고 해석했다. 잠언에는 "계시가 없으면 백성은 방자해진다"(29:18)라고 나온다. 직설적으로 말하면 "꿈꾸거나 아니면 죽거나!"다. 여기서 죽음은 문자 그대로의 죽음이 아니라 마치 상황이 다른 것처럼 살아가는 대신 현실을 받아들이고 그에 순응하는 죽음이다.

1_내 딸에 대한 협박

성경에 나오는 꿈꾸기의 개념은 이 책 끝부분에서 다시 다룰 것이다. 지금은 화해의 여정을 시작하려면 현실주의와 꿈꾸기가 모두 필요하다는 얘기만 하겠다. 우리는 **발을 땅에 딛고서** 지금의 현실에서 마주하는 도전에 함께하는 동시에 **머리는 구름 속에 두고서** 더욱 정의롭고, 공평하고, 평화로운 관계를 이루는 새로운 현실 속에서 살아야 한다.

성서적 이해를 향하여

나는 당혹스러운 질문을 끊임없이 받는데 가령 이런 것들이다. 어떻게 하면 평화에 대해 말만 하는 데서 나아가 실제로 평화를 이루어 갈 수 있을까요? 파괴적인 폭력과 억압이 일어나는 상황에서 어떻게 인간의 삶과 정의에 대한 관심을 고취할 수 있을까요? 원수들을 어떻게 화해시킬 수 있을까요?

나는 원수지간인 사람들 사이에서 함께 일하며 많은 시간을 보낸다. 니카라과, 소말리아, 필리핀, 네팔에서는 서로 위협하고 위협당하는 이들과 함께한다. 원수들은 그들의 친구들을 죽이고, 친구들은 그들의 원수들을 죽인다. 그들은 의심하고 의심받는다. 서로 증오하고 증오의 대상이 된다. 그들은 자신의 고통을 원수들의 탓으로 돌리며, 생존을 위해 스스로 보호한다는 명분으로 폭력의 사용을 정당화한다.

평화 세우기에 몸담은 사람으로서 나는 원수를 연구하는 데 더욱 몰두하게 되었다. 원수지간인 사람들 사이에서 어떻게 함께 일해야 할까? 어떻게 하면 그들의 강렬한 두려움과 증오심을 제대로 받아들이고 잘 다룰 수 있을까?

나는 그런 현실의 경험과 의문에서 출발해 성경으로 돌아와 성경에 나오는 원수들의 다양한 모습을 이해하려고 무진 애썼다. 나를 미치게 한 그날 밤의 전화는 나는 물론 사랑하는 이들까지 해치려는 원수들을 처음으로 마주한 순간이었다. 나는 목숨을 위협받는 순간을 다양하게 겪고 직접적인 신체적 위해의 상황 속에서도 지금까지 살아남았다. 하지만 그날 밤 사건과 이후의 경험은, 성경 속에서 상충하는 듯한 원수의 두 가지 이미지를 다시 생각하는 계기가 됐다. 그것은 원수를 박살 내 달라는 절규와 원수를 사랑하라는 요청이다. 지금까지 성경이 기독교적 평화 만들기의 풍부한 원천이 된 이유는, 원수에게 복수와 응징을 해 달라는 인간들의 솔직한 절규와 더불어 삶과 사역으로 원수를 사랑하는 본보기가 된 그리스도의 부드럽고도 끈질긴 요청을 보여서다.

이어지는 장들은 전통적인 성경 주해가 아니다. 나는 정식으로 성서해석학을 연구한 신학자가 아니다. 경험을 토대로 글을 쓰고 귀납적 근거를 바탕으로 이해를 쌓아 가는 실천가다. 어떤 때는 자칭 '회복적 학문을 하는 학자'이기도 하다. 크고 작은 갈등과 폭력으로 고통받는 이들을 만날 때면 우리의 대화는 이야기로 시작해 이야기로 끝을 맺는다. 나는 이야기를 듣는다. 그리고 성경을 펼치면 신적 존재와 소통하는 인간의 이야기에서 놀라운 폭과 깊이를 발견한다. 이 책에서 나는 이야기의 안팎을 두루 살피려 한다. 우리 삶과 타인의 삶에서 나오는 구체적인 이야기를 통해 하나님과 우리가 만난다고 믿기 때문이다. 이어지는 장들에서는 화해의 풍경을 볼 수 있는 성경의 창※을 탐구할 텐데, 그 내용이 연대순으로 전개되지는 않는다. 우리는 이러한 창을 통해 하나님의 마음과 더불어 인류를 위한 화해의 약속을 한층 잘 들여다볼 수 있을 것이다.

그 출발점으로, 갈등 속에서 태어나 마음에 깊은 상처를 받고 오랜 세월 헤어졌다가 마침내 화해한 형제인 야곱과 에서 이야기부터 살펴보자. 성경 속 이 위대한 가족의 극적인 이야기는 하나님을 향해 그리고 서로를 향해 고개를 돌리라는 그분의 뜻을 이해하는 여정을 시작하는 우리 모두에게 하나의 틀을 제공한다.

2

하나님의 얼굴을 향해 돌아서기: 야곱과 에서

성경에서 **야곱과 에서 이야기**는 내가 화해의 과정에 존재하는 여정과 만남을 이해하는 데 가장 큰 도움이 됐다. 한 가족과 두 형제에 관한 이 흥미진진한 이야기는 이 책에서 살펴볼 나머지 이야기와 생각을 이해할 수 있는 틀을 제공한다. 아울러 장기간의 갈등이 담긴 이야기를 공유하는 그리스도인, 유대인, 무슬림 등 아브라함 계통의 종교를 믿는 모든 이가 깊이 생각해 볼 점도 제공한다. 이 이야기에는 깨진 관계 속에서 맞닥뜨리는 어려움에 상응하는 요소가 다분히 내포되어 있다. 복잡하고 어려운 만남과 결별도 발생한다. 우리는 이와 같은 갈등을 통해 자신을 주의 깊게 바라볼 수 있고, 우리가 두려워하는 것들이나 우리에게 해를 끼치려는 사람들에게로 고개를 돌려 대면할 수 있으며, 궁극적으로는 그 가운데서 하나님의 임재를 발견하는 법을 탐색할 수 있다.

나는 워크숍이나 강의를 할 때 야곱과 에서 이야기에 나오는 가족의 주요 인물을 뽑아 미흡하나마 드라마로 재구성해 다시 들려주기를 좋아한다. 이런 식으로 이야기가 펼쳐지면 개개인이 경험하고 생각해 봐야 할 점들에 주의를 기울일 수 있기 때문이다. '내면의 소리를 들을' 수 있을 뿐만 아니라 갈등의 물리적 동향까지 알아차릴 수 있다. 게다가 그 이야기 속의 사건들은 화해의 본질에 대해 가장 중요한 질문을 제기한다.

이제 몇 쪽에 걸쳐 이야기를 들려주는 동안 나는 내면의 경험과 외면적인 움직임을 끌어내 보이려고 노력할 것이다. 성서에 그려진 두 형제의 모습은 답이 없는 만만찮은 질문을 몇 가지 던진다. 우리의 여정에서 거듭 마주하게 되고 사람과 사람 사이의 뿌리 깊은 갈등 속에서도 성실하게 대답해야 할 질문들이다.

성경에 기록된 이 위대한 가족에게는 여느 가족이 겪는 온갖 문제와 어려움이 있었다. 창세기 25~33장의 이야기를 읽으면서 우리는 가끔 이 사실을 잊는다. 자, 그럼 화해에 관한 여러 질문과 시각(본문체로 표기함)을 갖고서 이 이야기(고딕체로 표기함)를 주의 깊게 살펴보며 차근차근 논의해 보자. 이제 곧 펼쳐질 인간의 경험을 온전히 인정하는 시간을 가져 보자.

갈등 속에서 태어나다

◀◀◀

이삭과 리브가는 자식이 생기는 기적을 오랫동안 기다려 왔다. 마침내 리브가가 아이를 갖자 부부는 무척 기뻤지만 리브가는 배 속의 쌍둥이가 서로 싸우는 태동을 느꼈다. 그래서 이 문제에 대해 주님께 기도를 드리니 둘째가 첫째를 앞설 것이라는 응답을 들었다.

이 당혹스러운 리브가의 상황 속으로 한번 들어가 보자. 왜 이런 싸움이 일어났을까? 왜 한 아이가 다른 아이보다 우선시됐을까? 아울러 창조주 하나님께 이의를 제기하는 성경의 전통대로 질문해 보자. 하나님은 왜 그러셨을까? 오랜 세월 신실한 기다림 끝에 찾아온 인생의 선물에 왜 분쟁이 닥치리라는 암시를 주셨을까? 그리고 아이가 아직 세상에 나오기 전 단계에서 이런 질문을 던져 보자. 이 세상의 수많은 아이가 배제, 싸움, 불의로 점철된 계층이 존재하는 사회적·문화적·정치적 구조 안에서 태어나는 문제를 어떻게 이해하고 다루어야 할까? 세상 곳곳의 아이들은 그야말로 갈등 속에서, 분열된 정체성 속에서, 통제 불가능한 부당한 관례 속에서 태어난다.

먼저 태어난 에서는 살결이 붉고 털이 많았다. 장남인 에서는 아버지의 총애를 받았고 건장한 사냥꾼이 되었다. 에서의 발뒤꿈치를 붙잡고 세상에 나온 쌍둥이 동생 야곱은 어머니의 총애를 받았고 주로 집에 머물며 요리에 재능을 보였다.

자녀가 성장하는 동안 부모와 자식 간의 차이나 가족 안에서 고조되는 긴장에 대해 지나치게 상상할 필요는 없다. 하지만 이삭과 리브가는 두 아들에 대해 이야기를 나눴을까? 이들의 차이와 우선권을 놓고 이야기해 봤을까? 리브가는 야곱이 지도자가 되어야 한다고 밤중에 들은 목소리에 대해 이삭에게 말한 적이 있을까? 이삭은 야곱에게 형처럼 되라고 강요한 적이 있을까? 두 형제는 좋아하는 것과 싫어하는 것, 바라는 것과 두려워하는 것에 대해 단둘이 대화한 적이 있을까? 우리가 이 가족의 이야기를 전부 알 수는 없다. 그렇지 않은가? 가족 안에서 커지는 분열을 보고 상상할 수 있을 뿐이다.

쌍둥이 형제가 10대 후반이었을 때도 둘 간의 이런 양상은 지속됐다. 어느 날 에서가 집에서 멀리 떨어진 곳으로 사냥을 나갔는데 그날따라 운이 따르지 않았다. 몹시 허기진 채로 돌아온 에서는 마침 야곱이 그의 장기인 스튜를 끓이는 모습을 봤다. 녹초가 된 에서는 야곱에게 스튜를 한 그릇 달라고 했다. 야곱은 에서를 올려다보며 대답했다. "형의 장자권을 내게 주면 스튜를 줄게." 동생의 기습적인 제안에 에서는 평소 성격대로 둔감하게 반응했다. "내가 지금 죽을 지경인데 장자권이 무슨 소용이야? 내게 음식을 줘. 장자권은 네가 가져." 그렇게 맞교환이 일어났다. 그러니까 스튜 한 그릇에 장자권을, 즉 음식을 받고 첫째의 지위를 내어 준 것이다.

이 성경 이야기는 "발꿈치를 붙잡은 자"를 뜻하는 야곱이라는 이름이 교활하고 교묘한 사람이라는 의미를 함축한다는 점에서 그 이름이 적절하고 당연하다는 에서의 생각을 담고 있다. 에서는 마음속에 어떤 생각을 품고 있었을까? 저 녀석, 무슨 꿍꿍이속이지? 도대체 자기를 누구라고 생각하는 거야? 언제나 그렇게 자기가 잘났다는 듯이 굴면서 나를 바보 취급하는군. 한편 야곱은 속으로 무슨 생각을 했을까? 야곱은 장자권을 명확히 알고 있었다. 자신이 쌍둥이 동생으로 태어나 중요성이 덜한 차남이라 불리는 것이 분통했을까? 형이 힘세고 아버지와도 친하다는 사실에 분개했을까?

우리 안에는 아주 많은 갈등과 인식 그리고 자신과 타인에 대해 들려주려 하는 숱한 이야기가 자리 잡고 있다. 이렇게 복잡한 내면의 갈등은 관계의 의미를 해석하는, 감정적이면서도 입 밖으로 거의 드러내지 않는 과정에서 끓어오른다. 이는 단지 사실관계의 문제가 아니다. 얽히고설킨 우리 삶에 대한 의미, 감정, 해석의 문제다. 우리는 이 이야기 속 두 형제에게서 그런 문제를 본다. 사건이 분열을 향해 치닫고 있음을 직감할 수 있다. 말은 하지 않아도 그들의 내면 세계에서 심오한 질문들이 고개를 쳐든다. 모든 갈등에서 반복해서

제기되는 보편적인 질문이다. '나는 누구인가? 당신은 누구인가? 우리는 누구인가?'

축복을 받다

늙고 거의 실명한 이삭이 어느 날 에서를 불렀다. 장남에게 축복을 내려 줄 때가 된 것이다. "얘야, 내가 좋아하는 사냥감을 잡아 와 그 고기로 맛있는 음식을 만들어 다오. 내가 그걸 먹고 나서 네게 장자권을 주겠다." 에서는 아버지의 축복을 받기에 앞서 식사에 올릴 고기를 마련하러 사냥을 나갔다. 그사이 리브가는 야곱이 약속받은 권리를 받아 가족의 축복받은 자가 될 때가 왔음을 감지하고는 늙은 이삭을 속여 야곱을 에서로 믿게 할 방도를 야곱에게 알려 줬다.

모자는 흥미로운 대화를 나눴다. 이번엔 평상시의 짓궂은 장난이 아니라 의도적이고 노골적인 거짓말과 속임수를 꾀하는 모의였다. 그 내용은 야곱의 팔에 염소 가죽을 둘러 눈이 거의 보이지 않는 이삭이 야곱을 에서로 여기게끔 속이자는 것이었다. 이 계획을 들은 야곱은 아버지에게 들켜 저주받지는 않을까 두려워하며 망설였다. 그러나 리브가는 야곱을 설득했고 잠시 후 야곱은 죽음을 앞둔 아버지가 있는 천막으로 들어갔다.

야곱이 이삭에게 말했다. "아버지, 에서예요. 이 고기를 잡수시고 제게 축복을 내려 주세요." 이삭은 아들의 목소리가 의심스러웠지만 눈이 잘 보이지 않아 이렇게 물었다. "네가 정말 에서니? 어찌 이리 빨리 왔느냐?"

"네, 맞아요. 아버지께서 섬기시는 주 하나님이 일이 잘되게 도와주셨어요." 야곱은 거룩하신 하나님을 거론하며 또 거짓말을 했다. 이삭은 아들의 손과 팔을 만져 보고 싶어 했고 팔을 만져 보고는 말했다. "목소리는 야곱인데, 팔은 에서로구나." 이삭은 음식을 먹고 나서는 장남에게 내리는 축복을 야곱에게 내려 줬다.

얼마 지나지 않아 에서가 돌아와 음식을 준비해 이삭에게 가져갔다. "아버지, 저 에서예요. 이 고기를 드세요." 그러자 이삭이 깜짝 놀라 숨을 헐떡이며 말했다. "그럼, 아까 내게 고기를 가져온 자는 누구란 말이냐? 내가 그 고기를 먹고 축복을 내렸기 때문에 그가 축복을 받을 게야."

동생에게 속은 걸 알아차린 에서가 상황을 거의 이해하지 못하는 이삭에게 외쳤다. "안 돼요, 아버지. 제가 에서예요. 제가 장남 에서라고요. 지금 제가 아버지의 축복을 받으러 왔단 말이에요." 이삭의 몸이 부들부들 떨렸다.

이삭은 이미 축복을 내렸기 때문에 에서에게 내릴 축복이 없다는 말을 반복했다. 에서는 울부짖으며 통곡했다. 아버지에게 세 번이나 간청하면서 마지막에는 마음속 깊이 절망감과 부당함을 느끼며 애원했다. "아버지, 저를 위해 남겨 놓은 축복이 전혀 없어요?" 이삭은 "난 이미 네 아우에게 축복을 내렸어. 너에게 내려 줄 축복이 없단다. 끝났어"라고 못을 박고는 이렇게 덧붙였다. "넌 앞으로 평생 아우 앞에서 무릎을 꿇어야 할 게다."

에서는 걷잡을 수 없이 흐느끼기 시작했다. 아버지의 천막에서 나온 에서의 마음속에서 분통이 치밀어 올랐다. 에서의 절규가 마을 전역에 울려 퍼졌다. "거짓말쟁이! 장자권을 훔친 것도 모자라 이젠 내 축복까지 가로채다니! 야곱 이놈 어딨어? 눈에 띄면 죽여 버릴 거야!" 야곱은 어머니의 재촉으로 도망쳤다. 에서의 절규는 야곱이 마을을 떠나면서 들은 마지막 말이었다. 오랜 세월이 지나 두 형제가 다시 만날 때까지 우리가 에서에게서 들은 마지막 말이기도 했다. 두 형제는 철천지원수가 됐다.

잠시 이 사건을 마음 깊이 생각하면서 이 가족원 각각의 입장이 되어 보자.

리브가는 주님의 말씀이 이루어졌다고 느끼면서 동시에 마음이 갈기갈기 찢어졌을 것이다. 아들이 아버지를 속이도록 사주한 결과 죽어 가는 남편이 숨을 헐떡이는 소리와 큰아들이 통한의 눈물을 흘리며 사랑하는 작은아들을 죽이겠다고 외치는 소리를 듣고 있다. 리브가가 느꼈을 죄책감, 의문, 두려움 등이 뒤섞인 혼란스러운 마음을 상상하기란 쉽지 않다. 이제 리브가에게서는 어떤 얘기도 들리지 않는다. 리브가는 야곱을 두 번 다시 만나지 못할 것이다. 그리고 집안이 콩가루가 된 상태로 최후를 맞을 것이다. 나는 말년의 리브가가 답이 나오지 않는 **왜**라는 질문을 몇 번이고 계속 던졌으리라는 생각이 든다. '내게 왜 이런 일이? 우리에게 왜 이런 일이? 하나님, 왜 이런 일이 생겼나이까?'

이삭은 너무 늙어서 이제 침대에서 일어나지도 못한다. 앞도 보이지 않는다. 그런데 끔찍이 사랑하는 장남이 분노와 적의를 품은 채 천막을 나가 버렸다. 자기가 내려 줄 축복이 없다고 세 번이나 말했기 때문이다. 피붙이인 다른 아들은 아비를 속이고 마을을 떠나 도망치는 중이다. 혹시 두 아들이 마주치기라도 한다면 폭력 사태가 벌어질 게 불 보듯 뻔하다. 아내가 거짓말에 가담했다. 이삭이 그 사실을 언제 알았는지, 전모를 알게 됐는지는 불분명하다. 말년에 이삭의 가족은 혼돈과 파탄에 빠졌다. 이삭은 자신이 아끼는 모든 것과 모든 사람을 잃어버렸다. 혼란스러운 가운데 몸은 쇠약하고 상심이 컸다. '내게 왜 이런 일이? 우리에게 왜 이런 일이? 하나님, 왜 이런 일이 생겼나이까?'

에서는 속아서 괴로워하며 하염없이 눈물을 흘리고 있다. 고통이 좌절과 분노로 바뀐다. '내가 뭘 했길래 이런 일을 당해야 하나?' 에서는 질문을 반복했다. 어머니가 동생과 작당해 자신을 속였는데 부정행위의 무고한 희생양인 자신이 그런 짓을 벌인 동생을 섬기게 된다는 게 아버지의 마지막 말씀이라니! 에서는 명예를 잃은 일에 대해 복수하고야 말겠다고 다짐하면서 큰 소리로 외친다. 성경의 본문에는 깊은 아이러니가 있다. 그로부터 거의 25년의 세월이 흐르는 동안 에서에게 무슨 일이 있었는지 알 길이 없기 때문이다. 거기에는 에서가 겪은 일과 살아 온 이야기가 나오지 않는다. 이 이야기에서 누구보다 불공평한 일을 당한 무고한 이는 에서가 유일할 것이다. 하지만 그의 세계를 들여다볼 창이 없다. 모든 게 산산조각이 난 그날, 에서가 이 질문을 반복했으리라고 상상할 뿐이다. '내게 왜 이런 일이? 하나님, 왜 이런 일이 생겼나이까?'

야곱은 도망치는 중이다. 집에서 소지품 몇 가지만 겨우 챙겨 나와서는 이방인으로 살게 될 낯선 땅을 향해 달리고 있다. 가슴이 쿵쾅거리고 머릿속에서는 질문이 마구 쏟아진다. '내가 무슨 짓을 한 거지?' 마음이 온통 혼란의 도가니지만 당장은 형에게서 최대한 멀리 달아나야 한다는 생각뿐이다. 형의 노여움과 힘을 알고 있기 때문이다. 도망가지 않으면 분명히 죽을 것이다. 일단 집을 떠난 야곱은 두 번 다시 어머니와 아버지를 보지 못할 것이다. 잠깐의 기만을 부린 것이 부모님과 함께한 마지막 순간이 됐다. '내게 왜 이런 일이? 나는 어디로 가야 하나? 하나님, 왜 이런 일이 생겼나이까?'

도망

여기서 화해와 관련된 몇 가지 중요한 요소를 발견할 수 있다. 나는 동생에게 속아 장자권을 뺏긴 것도 모자라 아버지에게 "넌 앞으로 평생 아우 앞에서 무릎을 꿇어야 할 게다."라는 말을 들어야 했던 에서의 모습을 그려 보며 충격을 받았다. 화해의 가장 어려운 측면은 아마도 굴욕적인 경험과 관련되어 있을 것이다. 이 이야기는 에서가 트라우마와 고통, 상실을 극복하는 과정을 따라가는 쪽으로 다시 시작하지 않는다. 그렇다 보니 에서의 입장이 되어 생각해 볼 때 그의 마음을 온전히 헤아리기 어려웠다.

굴욕이란 자신이 받은 피해나 상처에 대해 어떤 형태로든 인정을 받기는커녕 무례함과 배제를 당한 경험을 말하는데, 내 경험상 굴욕은 개인적으로나 사회적으로나 깊은 상처를 남긴다. 그러나 성경에는 이런 일을 겪는 에서의 개인적인 여정에 관한 이야기가 거의 나오지 않는다. 그래도 우리는 오랜 세월이 지나면서 에서가 자기 길을 찾았으리라 감지한다. 종국에는 에서가 말을 탄 부하 수백 명을 거느리고 등장하기 때문이다. 그러나 피해를 보고 심한 굴욕을 당한 사람의 경험에 대해 진지해지고자 한다면 존엄성을 회복할 방법을 궁리해야 한다. 이 이야기에서는 일어나지 않았지만, 그것은 대개 그런 경험을 인정하는 데서부터 시작한다. 존엄성과 인정의 문제는 추후 다른 장들에서 다시 다루겠다. 특히 예수가 사람들에게 다가가 어루만지고, 시력을 되찾아 주고, 그들의 인간성에 주의를 기울이는 모습, 다시 말해 기본적으로 인간의 존엄성을 회복시키는 양상으로 나타나는 관계의 방식을 살펴보면서 논할 것이다.

야곱과 관련해서는 우리 머릿속에 아주 흥미진진한 갈등의 이미지가 떠오른다. 야곱은 에서에게 갈등으로 인한 피해를 많이 끼친 인물이다. 야곱이 자신의 행동을 곧바로 후회했는지는 성경을 봐도 알 길이 없다. 그래도 그 사건을 계기로 야곱이 평생 두려워하는 반응을 격하게 보였다는 사실을 우리는 알고 있다. 야곱은 도망쳤다. 형과 가족에게서 고개를 돌렸다. 갈등을 외면했다. 갈등은 종종 이런 모습이다. 우리는 고통과 불안의 근원에서 물리적으로나 감정적으로 벗어나려는 경향이 있다.

중재자의 성향을 타고난 나는 사람들이 대화로 돌아가는 방법을 찾도록 격려한다. 그러나 야곱과 에서의 이야기는 가히 놀랄 만한 일련의 질문을 제기한다. 갈등에서 벗어나는 일, 즉 고통의 근원으로부터 일정한 거리와 시간을 두는 일이 필요할까? 사람들이 서로 거리를 두어야 할 때 필요한 것은 무엇인가? 사람들은 얼마나 오랫동안 거리두기나 감정적 분리가 악화하도록 내버려두는가?

다음에 이어지는 이야기 국면에서 이 질문에 관련된 힌트가 보이겠지만 갈등에서 벗어나 거리를 두는 일이 화해를 이루어 가는 과정에서 중요하다는 점을 경시해서는 안 된다. 아울러 당사자가 진정성이 없거나 준비가 충분하지 않은 상태에서 영적 의무라는 전례를 내세우며 화해를 선택하게 하는 경우가 잦은데, 약속과 관계를 강요하는 행위는 가해나 마찬가지라는 점도 잊지 말아야 한다.

회향

두 형제는 거의 25년의 긴 세월을 떨어져 살았다. 서로 간에 연락은 전혀 없었다. 야곱은 외삼촌의 땅에서 새로이 번영을 누렸고 결혼도 했다. 난생처음 사기를 당하기도 했다. 그 바람에 자신이 원하는 여인과 결혼하기 위해 여러 해를 더 일해야 했고, 외삼촌 가족과 갈등이 커져 처신을 잘해야 했다. 이런 혼란 속에서 하나님이 다시 말씀하셨다. "네 조상의 땅으로 돌아가거라. 내가 너와 함께 있겠다."

그리하여 야곱은 세일 땅을 향해 길을 떠났다. 에서를 향해 고개를 돌린 것이다.

창세기 31장과 32장의 이 간략한 기록에서 두 요소가 눈에 띈다. 그것들은 이번에도 답이 없는 중대한 의문을 남긴다. 첫째, 화해를 향한 길을 떠나며 야곱은 에서를 향해 고개를 돌린다. 사이가 멀어지고 철천지원수가 된 형을 더는 멀리하려 하지 않는다. 야곱의 얼굴은 다시 에서를, 원수의 얼굴을, 갈등을 향하고 있다. 어떻게 그런 변화가 가능했을까? 나는 30년 넘게 갈등 상황에서 일해 왔다. 가족 사이의 불화를 다루기도 하고 폭력을 겪으며 천하의 원수지간이 된 이들의 갈등을 중재하기도 했다. 그러다 보니 이렇게 상대방을 향해 '돌아서는' 일이 인간의 가장 중대하고 어려운 결정과 다름

없다는 점을 중시하게 됐다. 그것은 강요나 의무로 통할 일이 아니다. 조건이 형성됐다고 해서 모두가 그런 선택을 하지도 않는다. 하지만 그렇게 돌아서지 않는다면 화해를 향한 여정은 시작되지 않는다. 분리되고 멀어진 상태로 남을 것이다.

둘째, 놀랍게도 하나님은 야곱에게 "가거라. 내가 너와 함께 있겠다"라고 말씀하셨다. 성경에는 하나님의 백성이 신실한 여정을 시작하라는 말씀을 듣는 사례가 차고 넘치는데 이때 하나님은 함께 있겠다고 말씀하실 뿐 아니라 그들에게 두려워하지 말라고 당부하신다. 아울러 "길이 준비될 것"이라고 약속하신다. 달리 말하면 하나님이 백성보다 앞서가고 그들을 구해 주겠다는 약속이다. 여기서는 원수지간이 된 형제의 갈등이 한창 고조된 가운데 하나님께서 야곱과 함께 있겠다고 약속하신다. 이는 우리에게 화해의 심오한 개념을 보여 주는 아주 흥미로운 창을 제공하는 것 같다. 즉 화해는 대리로 이루어질 수 없으며 증인과 동행으로 뒷받침된다는 것이다.

야곱은 고향으로 가는 길을 떠났다. 하지만 곧 형의 얼굴을 봐야 한다고 생각하니 두려웠다. 그래서 하인 몇 명을 보내 에서에 대해 알아보고, 동생 야곱이 형에게 가고 있으며 형의 마음에 들길 바란다는 사실을 알리게 했다. 파견된 이들은 나쁜 소식을 갖고 돌아왔다. 에서가 수백 명의 부하를 거느리고서 오고 있다는 것이다. 그 얘기를 듣고 고민하던 야곱은 일행을 두 패로 나눴다. 한 패를 먼저 보내 형을 위한 선물을 전하게 하고는 마음이 누그러지길 바랐다. 그러고 나서는 두려운 나머지 땅바닥에 엎드려 하나님께 울부짖었다. "부디 형의 손에서, 에서의 손에서 저를 구해 주십시오. 형이 와서 저를 치고 아내들과 자식들까지 모두 죽일까 두렵습니다."

우리는 불확실함과 두려움이라는 인간의 깊은 감정을 가벼이 여길 수 없다. 야곱에게 화해의 여정은 위험천만한 일이었다. 야곱은 무슨 일이 벌어지든 자신이 통제할 수 없다는 사실을 깨달았다. 속이고 해를 끼치는 바람에 자기를 죽여 버리겠다고 맹세한 형을 대면해야 했다. 이렇게 모호하고 두려운 상황에서 일어나는 움직임에 다시 주목해 보자. 야곱이 여행을 시작했을 땐 자신의 소행이 있다 보니 형의 마음을 달래고 싶고 돈을 써서라도 딜레마에서 벗어나고픈 마음이었다. 하지만 야곱은 그럴 수 없었다. 결국 여행의 본질을 의심하기 시작했고 하나님께 보호와 구출을 간청했다. 이 여정에서 화해의 공통적인 특징이 드러난다. 야곱은 나아가다가 일의 어려움과 자신의 취약함을 깨닫고는 의심하며 뒤돌아서서 회피하려는 듯 보인다. 하지만 결국에는 형에게로 가는 여행을 다시 시작한다. 이는 수월한 직선 운동이 아니다. 화해는 A에서 B까지 일직선으로 움직이지 않는다. 외부의 위협과 내면의 불확실함에서 비롯되는 난관이 잔뜩 기다리고 있기 때문이다.

만남

형을 만나기 전날 밤, 야곱은 강여울에 닿았다. 야곱은 가족과 하인들, 자신의 소유물까지 강 건너편으로 먼저 보냈다. 그러고는 뒤에 홀로 남았다. 그날 밤 한 남자가 나타나 야곱을 붙잡고는 동이 틀 때까지 씨름했다. 그 남자는 도저히 이길 수 없자 야곱의 엉덩이뼈를 치고는 놓아달라고 했다. 하지만 야곱은 자기를 축복해 주지 않으면 놓아 주지 않겠다고 했다. 그 남자가 야곱에게 말했다. "너는 하나님과도 겨루어 이겼고 인간들과도 겨루어 이겼다." 아침이 되어 야곱은 "내가 하나님의 얼굴을 직접 뵈었구나"라고 하면서 그곳을 잊지 않기 위해 제단을 쌓았다.

이후 야곱은 강을 건너 고원으로 올라가서는 처자식과 하인들을 자기 뒤에 세웠다. 고원 맞은편에서 에서가 수백 명의 부하를 거느리고 오는 광경이 보였다. 야곱은 땅에 무릎을 꿇고 기어가서는 형에게 머리를 조아리며 일곱 번이나 절했다. 하지만 동생을 본 에서는 말에서 뛰어내려 달려가 야곱을 일으켜 세웠다. 둘은 서로 끌어안고서 입을 맞추고 눈물을 흘렸다.

"이 모든 걸 왜 내게 보냈느냐?" 에서가 물었다.

"형님께 은혜를 구하고 싶었습니다." 야곱이 대답했다.

"나는 넉넉하다. 괜찮아." 에서가 분명히 말했다.

"아닙니다, 형님. 부디 제 선물을 받아 주세요. 정말이지, 형님의 얼굴을 뵈니 하나님의 얼굴을 뵙는 듯합니다." 야곱이 간청했다.

두 형제는 그곳에 잠깐 머물렀다. 그러고는 각자 다른 곳으로 떠나 그 후로 두 번 다시 보지 못했다.

우리는 20년이 넘도록 연락을 끊고 지내던 두 형제가 서로를 찾았을 때 그 감정이 얼마나 특별했을지 쉽게 느낄 수 있다. 그래서 이런 생각이 든다. '암, 이게 화해지! 그런 포옹을 기다렸어. 이거야말로 진정한 화해의 표시로군.' 그렇다. 은총을 느끼며 결합하는 포옹에는 진실함이 있다. 그러나 창세기 33장을 마무리하는 몇 구절에는 언급되지 않은 이야기와 탐구할 내용이 많이 남아 있다.

두 형제가 만나기 전날 밤, 야곱과 씨름한 이는 누구였을까? 우리는 야곱이 그날 밤 내내 자기 자신과 자신의 과거, 책임, 기만성과 싸웠다고 말할 수 있을 것이다. 그 예로 이튿날 아침 야곱은 가족과 하인들 뒤에서 따라가지 않고 그들을 자기 뒤로 물렸다. 또한 형을 포섭하려 들거나 형과 대등하게 말을 타지 않고 땅으로 내려와 그 앞에 고개를 숙이고 엎드렸다. 한편 우리는 야곱이 밤새 한잠도 못 자고 원수지간인 형을 떠올리며 필사적으로 씨름했다고 말할 수도 있을 것이다. 몇 주 동안 야곱은 형과 만나는 일을 걱정하고 두려워했다. 우리는 자는 동안 상대방이 어떤 모습으로 나타나 존재감을 드러내는지 잘 안다. 야곱이 인간들과 겨뤘다는 그 '남자'의 말이 그런 상황을 잘 보여 준다. 다른 한편 성경 본문에 나오는 대로 야곱이 하나님과 겨뤘다고 하는 편이 맞을지도 모르겠다. 우리는 하나님과 싸우는 자신의 모습을 상상하기 어렵지만, 여기서 그러하듯 성경 이야기 속에 등장하는 위대한 영웅들에게는 그런 일이 꽤 흔하다. 그들은 하나님과 싸운다. 화해의 여정을 따라가다 보면 세 가지 만남이 모두 보인다. 자기 자신과의 만남, 상대방과의 만남, 하나님과의 만남이 그것이다. 세 가지 만남에서 비롯되는 도전과 심연을 거치지 않고서 화해로 가는 지름길은 없다.

이 이야기의 가장 흥미진진한 측면은 하나님의 얼굴이라는 개념이 아닐까 싶다. 야곱은 하나님의 얼굴을 보고서 살아남았다는 사실을 잊지 않으려고 제단을 쌓는다. 그리고 몇 시간도 채 지나지 않아, 원수인 형의 얼굴에서 하나님의 얼굴을 발견한다. 뿌리 깊고 위협적인 갈등의 한가운데서 하나님의 얼굴을 알아보고 발견한다는 게 얼마나 어려운 일인가? 우리를 아끼고 사랑하는 사람이 아닌 원수의 얼굴에서 말이다. 원수에게서조차 하나님의 얼굴을 볼 수 있게 하는 것은 무엇일까?

포옹

-≪-

포옹은 대부분의 머릿속에 있는 화해의 이미지다. 그런데 여기서 두 가지가 빠져 있다는 사실을 눈치챘는가? 야곱과 에서 두 사람 다

용서를 언급하거나 요청하거나 약속하지 않는다. 야곱이 무릎을 꿇고 뉘우치는 모습을 보여 주는 것으로 과연 충분한가? 땅에 엎드려 고개를 숙인 야곱을 에서가 일으켜 세우는 것으로 충분하단 말인가? 서로 인정하는 일은 어떻게 일어나는가? 우리는 과거의 그 사건 이후 에서가 살아 온 이야기를 알지 못하기에 이런 궁금증이 남는다. 거짓말을 하고 모든 것을 훔친 동생에게 그토록 적의를 품었던 사람이 어떻게 그곳으로 가서 동생을 안아 줄 수 있었을까? 피해자인 에서에게 어떻게 이런 변화가 일어났을까? 400명이나 되는 부하를 거느리고 온 상황을 보면 에서가 인생을 잘 살았다는 점은 분명하다. 그런데 에서가 그때 속은 이후로 가난하고 소외된 상태로 남아 있었다면 어떻게 됐을까? 그런 일은 세상 곳곳에서 비일비재하게 일어난다. 한편 야곱이 무릎을 꿇고 은혜를 구하는 쪽을 선택하지 않았더라면 어떻게 됐을까? 에서가 마찬가지로 반응했을까? 에서는 왜 400명이나 되는 부하를 거느리고 왔을까?

마지막으로, 우리가 떠올리는 화해의 이미지는 이런 질문을 낳는다. 포옹이 이루어진 상황에서 야곱과 에서가 같이 행복하게 살면 안 되었나? 두 형제가 다시 헤어지기로 한 선택을 어떻게 설명할 수 있을까?

여정으로서의 화해

이 이야기를 통해 우리는 인간 갈등의 특성과 화해라는 도전을 탐구할 수 있다. 아울러 화해를 추구하는 과정에서 좋든 싫든 끊임없이 떠오르는 의문을 제기할 수 있다. 이제 결론으로 화해의 본질을 들여다보는 출발점이 되는 특성을 몇 가지 생각해 보자.

에서와 야곱 이야기에 담긴 주요한 비유를 보면 화해에는 **여행**을 떠나는 일의 특성이 있음을 알 수 있다. 그리고 이 여정에 모순적 특징이 존재함을 알아차리게 된다. 첫 번째 여정에서 두 형제는 갈라섰고 멀리 떨어져 살았다. 야곱이 형과 결별하는 길을 떠나게 된 동인은 두려움과 더불어 직면하기 어려운 마음속 깊은 곳의 죄책감일 것이다. 한편 에서에게는 그 동인이 심하게 부당한 일을 당한 경험에서 비롯된 통한과 증오인 듯하다.

궁극적으로 화해는 갈등으로 **향하고** 갈등을 **헤쳐 가는** 여정이다. 이 이야기의 경우, 하나님은 야곱을 위해 힘써 주겠다고 약속하지 않으신다. 야곱을 위해 모든 일을 돌봐 주고 평탄한 길을 만들어 주겠다고 약속하지 않으신다. 그저 야곱과 함께 있어 주고 동행하겠다고 약속하실 뿐이다.

만남으로서의 화해

갈등을 헤쳐 나가는 여정을 가볍게 시작할 수 있는 사람은 없을뿐더러 큰 대가를 치르지 않고서 실행할 수 있는 사람은 없다. 우리는 만남 속에서 고통과 고뇌를 마주한다. 일반적으로 우리는 화해를 원수와 대면하는 시간과 공간에 얽매인 단 한 번의 만남으로 생각한다. 그러나 에서와 야곱의 이야기를 보면 화해의 여정에 적어도 세 번의 만남이 있었다. 단 한 번의 만남으로 사건이 깔끔하게 매듭지어질 수 없고 설령 그런 일이 일어난다고 한들 그걸로 끝나지 않을 것이다.

화해를 향한 여정 내내 우리는 두려움의 심연에서, 어두운 밤의 절망 속에서, 재회의 눈물 속에서 함께하시는 하나님을 발견할 것이다. 우리는 관계 속에서 자신이 어디로 가고 있는지, 어떤 사람이 되어 가는지 보여 주는 결정적 순간과 빛나는 통찰을 경험한다. 우리가 눈으로 보고, 귀로 듣고, 가슴으로 느낄 수 있다면, 갈등을 헤쳐 나가며 화해로 가는 길은 하나님과의 만남으로 채워진다.

2_하나님의 얼굴을 향해 돌아서기: 야곱과 에서

장소로서의 화해

※

화해의 여정은 어떤 장소로 이어진다. 에서와 야곱의 이야기에서 그 장소는 진심 어린 재회와 관련되어 있다. 우리는 때때로 그곳을 궁극적인 해결책이자 종착지로 생각한다. 그러나 그 여행을 하는 도중에 많은 장소가 있다는 사실을 이해해야 한다. 자기 자신과의 만남, 원수와의 만남, 하나님과의 만남처럼 주요한 만남이 장소로 나타나기 때문이다. 이때 **장소**는 그 여정에서 특정한 것들이 하나가 되는 구체적인 시공간이다.

에서와 야곱의 이야기에서 이런 장소들은 표시되고 명명되고 기념으로 남는다. 그곳에서 사람들은 원수를 만났고, 하나님은 사람들을 만났고, 개개인은 자신을 만나면서 새로운 깨달음을 얻었다. 화해 특유의 단계적 특성이 여기서 다시 드러난다. 그러니까 우리가 도달하려는 장소, 그곳에 도착하기 위해 떠나는 여행, 그 여정에서 경험하는 만남이 화해인 것이다. 화해를 이루려면 우리 내면과 주변에 존재하는 이런 요소들을 알아차리고 명명하는 과정이 필요하다.

에서와 야곱의 이야기는 우리에게 이런 기념비적인 장소의 풍경, 그런 장소 사이의 힘든 여정, 만남의 신성함을 남긴다. 화해는 여정이자 만남이자 장소다. 하나님은 우리에게 갈등을 헤쳐 나가는 여

행을 떠나라고 명하신다. 그 여정은 우리가 하나님의 얼굴과 원수
의 얼굴, 자신의 얼굴을 대면하는 장소로 나타난다.

2_하나님의 얼굴을 향해 돌아서기: 야곱과 에서

화해의 기술: 예수

화해라는 도전에 나설 때 우리는 일종의 단계, 본보기, 과정, 방편, 기술을 찾아보려는 경향이 있다. 개인적으로 분쟁에 휘말리게 됐든, 심한 갈등을 겪고 있는 타인을 도우려 하든 간에 말이다.

그러나 예수의 삶을 들여다본다면 방법이나 기술을 묻는 것이 최선의 출발점이 되지 못한다는 사실을 알 수 있다. 예수의 사역은 비결이나 계율 또는 주변의 얘기에서 시작하지 않았다. 그 일은 기본적으로 **함께함 혹은 임재의 특성**으로 표현되는 은혜에 뿌리를 두고 있었다. 말하자면 사람들과의 관계에서, 타인들과의 동행에서, 심지어 자신을 해하려는 자들과 함께 있겠다고 선택한 방식이다.

화해로 가는 여정에서 우리는 이같이 임재의 문제에 주의를 기울여야 한다. 그러므로 초기 그리스도 교회와 사도들이 밟은 과정에서 드러나는 예수의 구체적인 가르침과 사례는 이어지는 장들에서 살펴보기로 하고, 이 장에서는 예수가 말씀한 내용과 접근 방식의 맥락과 참뜻을 살피는 일을 중심으로 논의를 시작하고자 한다. 여기서는 육화한 말씀이신 예수라는 존재와 그의 일상에서 하나님의 화해하는 사랑을 구현하는 일이 어떤 의미인지를 탐구할 것이다. 이것은 **우리가 화해하기 위해 연민을 품어야 한다**는 말을 온전히 긍정하는 데서부터 시작한다.

예수 그리고 임재의 방식

예수는 숱한 상황에서 가르침의 본질에 관한 질문에 직면했다. 예수가 살아가는 방식, 다른 이들을 참여하게 하는 방식, 사역하는 방식을 직접 목격한 이들이 예수가 올바르게 얘기하는지 확인할 수 있는 특정한 말씀을 들어야 했다는 사실은 매우 흥미롭다. 그들이 그렇게 나온 데는 예수를 정말로 이해하고 싶다기보다는 시험하려는 욕구가 더 크게 작용한 듯하다. 결과적으로 예수의 말씀을 들은 이들은 깜짝 놀랐다. 예수의 반응이 여러 면에서 그의 임재의 본질과 일맥상통하기 때문이었다. 예수는 피상적인 질문 너머 그 이면의 깊은 충동까지 아우르는 심오한 내용을 단순한 말로 풀어냈다.

특히 한 질문은 예수에게 불리하게 작용하도록 독단적인 입장을 선택하게 하는 함정에 빠뜨리려는 듯했다. "선생님, 율법 가운데 어

3_화해의 기술: 예수

느 계명이 중요합니까?"(마태복음 22:36) 이 질문은 영생을 보장하고 율법과 가르침에 주의를 기울이게 하는 흥미로운 방식으로 표현되었다. 더불어 엄청나게 복잡한 질문이기도 하다. 하지만 시인 올리버 웬들 홈스Oliver Wendell Holmes가 "복잡함 이면에 있는 단순함"이라고 표현했듯이 그 답은 질문자가 이미 알고 있는 것이며 신명기에서 찾을 수 있다. 마태복음은 물론 누가복음에서도 발견되는 그런 단순성은, 거의 그렇게 쓰여 있지는 않지만 사실상 하이쿠haiku 형태를 띤다. 그런 형태로 시각화해 보면 그 답은 신학자 마커스 보그가 충만한 사랑을 해석하면서 제시한 견해와 일맥상통하는데, 그것은 바로 예수가 몸과 마음을 다해 표현한 사랑이었다.°

핵심은 사랑과 연민이다. 여기에는 온전한 헌신이 따라야 한다. 사랑과 연민은 진심과 직감에서 나온다. 영혼 속에 숨어 있다 올라온다. 아울러 마음을 채우고 집중시킨다. 이 몇 마디 말로 우리는 **임재**에 대한 놀라운 설명을 듣는다. 생명의 근원인 창조주께 감사하면서 현재에 온전히 머무는 것이다. 예수가 선택한 이 말이 그에게서 처음 나온 것은 아니었다. 예수는 이 말을 신명기(6:5)에서 인용했다. 이 옛말은 날마다 새로워질 때만 생명을 얻는다. 예수가 이런 사랑이 놀라운 신비를 만들어 낸다고 덧붙였을 때 예수를 시험할 요량

°   Marcus Borg, *Meeting Jesus Again for the First Time: The Historical Jesus and the Heart of Contemporary Faith* (New York: HarperOne, 1995), 47.

으로 질문을 던지고서 초조해하던 사람들은 놀라고 만다. "임재의 세쌍둥이"라 할 수 있는 **하나님-이웃-자신**을 사랑하라는 말씀은 천 의무봉의 헌신적인 사랑을 만들고 그 가르침의 전부라 할 수 있다.

화해는 임재에서 시작되어 연민으로 바뀐다. 내가 여기서 끌어내고자 하는 문제는 예수가 어떻게 연민을 구체적으로 보였는가 하는 점이다.

이 질문에 답하려면 책 한 권은 족히 필요할 것이다. 하지만 여기서는 우리의 목적에 맞게 핵심적인

마태복음 22:37, 39

네 마음을 다하고, 네 목숨을 다하고, 네 힘을 다하여, 주 너의 하나님을 사랑하여라. 네 이웃을 네 몸과 같이 사랑하여라.

누가복음 6:36

너희의 아버지께서 자비로우신 것 같이, 너희도 자비로운 사람이 되어라.

화해의 기술 세 가지를 제안하겠다. 그것들은 예수가 인간으로서 구현한 방식이기도 하다.

이웃을 사랑하라: 인간성에 주목하기

예수는 주변의 신성한 사람들을 끊임없이 의식하며 살았고 그들을 보면서 그 안의 신을 맞이하는 특별한 능력이 있었다. 예수가 사람들과 함께하고 그들의 삶에 들어간 모습을 기술한 글을 좀 더 주의

3_화해의 기술: 예수

깊게 들여다보면서 나는 매 순간 주의를 기울이고, 알아차리고, 온전히 살아가는 한 사람을 발견한다. 이런 함께함의 핵심은 **타인의 인간성에 주목하는 능력**, 특히 예수가 살던 시대에 가장 소외된 이들의 인간성에 주목하는 능력이었다. 우리는 그런 사례를 얼마든지 들 수 있다. 예수는 우르르 몰려드는 군중 속에서도 자신의 옷자락을 만지려고 손을 뻗은 사람의 기운을 느꼈다. 또한 자신을 보려고 나무 위에 앉아 있는 키 작은 사람을 보았으며, 중요한 모임으로 향하던 길을 멈추고 아이들과 함께 시간을 보내기도 했다.

율법의 충만함이 "임재의 세쌍둥이"(하나님-이웃-자신)로 완성된다는 뜻을 내비친 예수의 반응은 연민이 상대방을 한 사람으로 주목하는 세심함에서 시작된다는 사실을 이해하는 데 도움이 될 수 있다. 이런 생각은 너무 간단해서 당연히 여기기 일쑤다. 그러나 나는 사실상 이 단순한 행위가 영성 훈련이 될 뿐 아니라 탐구할 만한 가치가 있다고 믿는다.

예수는 자신이 만난 사람들의 공식적인 직위나 지위를 거의 보지 않았으며 그런 게 없더라도 상관하지 않았다. 사람들이 예수를 찾는 동기는 그들의 신분이나 조건과 연관된 경우가 많았어도 예수는 겉으로 드러난 고난을 포함해 눈에 보이는 조건이나 사회적 신분에 관심을 두지 않았다. 예수는 다른 방식으로 사람들을 주목했다. 그 가운데는 신분의 결여, 부정할 수 없는 민족적 또는 종교적 정체성, 사회경제적 조건으로 말미암아 사회적으로 보이지 않는 존재이자 불가촉천민으로 살아야 하는 이도 더러 있었다.

예수는 사람들을 이렇게 규정하는 한계를 무시하는 대담한 성향을 드러냈다. 예수가 관심을 기울이는 지점, 즉 사회적 지위나 신분을 고려하기에 앞서 사람들을 주목하는 방식은, 마치 이러한 외피가 존재하지 않는다는 듯 보이지 않고 만질 수 없는 두꺼운 장막을 뚫고 나오는 한 줄기 빛을 만들어 냈다. 예수는 무엇보다도 **보편적인 인간성**을 보았다. 간단히 말하면 동료 인간을 주목한 것이다. 예수는 겉모습을 넘어 사람들의 타고난 인간성의 자질, 공통된 신성한 불꽃의 속성을 주시했다. 신성한 인격을 깨닫고 거기에 주의를 기울였다.

연민 시험: 앞서 살펴본 야곱과 에서의 이야기로 잠시 돌아가 보자. 밤새 고군분투한 야곱은 하나님의 얼굴을 보고 살아남은 장소를 기억하려고 제단을 쌓았다. 그리고 이튿날 원수인 형을 만났을 때 이렇게 말했다. "형님의 얼굴을 뵙는 것이 하나님의 얼굴을 뵙는 듯합니다."(창세기 33:10) 이 이야기의 중심에서 우리는 연민의 세쌍둥이를 발견한다. 당신도 알아차렸는가? 갈등의 한가운데서 생겨나고 화해의 핵심이 되는 만남이 바로 자신-이웃-하나님이다.

자, 그럼 예수가 함께하는 본질을 이해하고 주변 사람들의 인간성에 주목하는 영성 훈련을 하기 위해 작은 연민 시험을 해 보자. 노숙자나 걸인이 다가온 최근 세 차례의 경험을 떠올려 보라. 그들의 얼굴을 기억하는가? 이렇게 말하는 이유는 내가 내 성향을 알고 있으며 솔직히 이 시험에 통과하지 못해서다. 나는 서두를 때나 친구와 중요한 대화에 빠져 있을 때, 그리고 뭔가 골똘히 생각하는 와중에도 누군가 다가오면 그 사람을 "알아차린다." 그러나 그런 이들을 피하고 싶을 때는 **그들의 얼굴을 보지 않으려고 시선을 돌린다**. 그들의 얼굴을 바라보면 걸음을 늦추고 멈춰 서서 관여해야 한다는 생각이 들기 때문이다. 그래서 관여하고 싶지 않을 땐 그들을 외면한다.

얼굴 보기: 예수에게서 발견한 첫 번째 화해의 기술이다. 예수는 주변 사람들의 인간성에 주목하고 관여했다. 화해의 측면에서 사소하지만 결정적인 점은 우리가 갈등 상황에 있을 때 가장 좋은 상태가 아니라는 사실이다. 그럴 때 우리는 의심하고 판단한다. 대안이 될 만한 해석에 마음을 열지 못한다. 쉽사리 아량을 베풀지 못한다. 그리고 아주 솔직히 말하면 우리에게 해를 끼쳤다고 느끼는 사람들이나 우리가 해를 입길 바라는 사람들의 얼굴을 거듭해서 바라보기가 쉽지 않다.

존재하지만 보이지 않는 존재: 1998년, 나는 스페인의 팜플로나Pamplona 근처에서 심한 교통사고를 당했다. 우리 차는 시속 140킬로미터 정도로 달리고 있었는데 정지한 트럭의 뒤를 들이받았다. 좌석벨트가 가슴과 배를 찢는 것 같았다. 나는 순식간에 극심한 고통에 휩싸였다. 나중에 엑스레이 사진을 보니 가슴 양쪽의 갈비뼈가 대부분 어긋나고 부러져 있었다. 살아 있는 게 행운이었다. 병원으로 이송되기까지 시간이 꽤 걸렸고 그동안 의식이 오락가락하는 느낌이 들었다. 고통을 참지 못하는 내게 의료진은 엄청난 양의 진통제를 투여했다. 그 결과, 나는 몇 시간을 메스꺼움과 구토에 시달려야 했고 고통이 가중됐다.

교통사고가 난 지 하루 반이 지난 늦은 밤, 나는 몇 시간을 누워서 꼼짝도 하지 않았다. 조금이라도 움직이면 통증을 느꼈다. 대학병원은 최고의 의료 서비스를 제공했지만 긴긴밤 동안에는 일하는 간호사와 간호조무사가 거의 없었다. 그날 새벽 2시쯤 마비 증상이 나타나면서 머리를 들 수 없을 뿐 아니라 몸도 움직일 수 없었다. 병실에는 호출 버튼도 없고 문틈으로 고개를 내미는 직원도 없었다. 이 지면에 쓸 만한 말이 없을 정도로 당시 나는 자제력을 잃고 엉망이 됐다. 간호사들이 한 명씩 병실을 들렀지만 금방 가 버렸다. 다른 사람들도 들어왔다가 나갔다. 살면서 이토록 참담한 적이 없었다. 남들 눈에 아예 보이지 않는 존재가 되어 본 적이 한 번도 없었다.

그때 한 젊은 간호조무사가 욕실 근처 싱크대를 청소하러 들어왔다. 전에 한 번 본 적 있는 여성이었는데 뭘 잘못했는지 꾸중을 듣고 있었다. 병원에서 어떤 서열로 따지든 그는 아주 밑바닥에 있는 존재처럼 보였다. 나는 목과 폐가 너무 심하게 손상돼 말을 할 수 없었다. 곁눈으로 보니 그는 내 몸에서 나는 냄새를 맡고는 윗사람에게 보고하기 민망해하는 눈치였다. 그가 다가오더니 대부분의 조명이 꺼진 병실에서 내 쪽으로 몸을 기울이며 눈을 들여다본 게 기억난

3_화해의 기술: 예수

다. 그는 내게 "도와드릴까요?" 하고 물었다. 나는 고개를 끄덕였다. 그는 나를 조심스레 들어 올려 욕실로 데려가서는 당신이 상상할 수 있는 최악의 지저분한 상태에 있던 나를 씻겨 주었다. 그는 나를 따뜻한 물로 목욕시키고 침대 시트를 깨끗한 것으로 간 뒤 나를 다시 침대에 눕히고는 미소를 지으며 병실을 떠났다.

그때 나는 천사를 봤다고 생각했고 지금도 그 생각은 변함없다. 나는 다시 사람이 된 것만 같았다. 존재하지만 전혀 보이지 않게 된 것 같은 경험을 하고 나서야 비로소 연민을 온전히 이해할 수 있었다. 연민의 시작은 누군가가 나를 그저 한 사람으로 봐 주는 것이었다.

예수는 인간성에 주목하는 기술을 구체적으로 보였다. 한 사람 한 사람에게서 하나님을 발견했다. 화해로 가는 단 하나의 중요한 출발점은 서로의 인간성에 주목하는 것이다.

너 자신을 사랑하라: 자기 성찰과 자기 돌봄

이것은 화해의 세 기술 가운데 받아들이고 실천하기 가장 어렵지 않을까 싶다. 우리는 연민을 겉으로 보여 주는 것으로 여기는 경향이 있다. 다시 말해 다른 사람 혹은 고통으로 점철된 세상을 위해 주는 선물 또는 영향력으로 보는 것이다. 이럴 때 연민은 건강한 이가 아픈 이에게 베푸는 일이자 우월한 행위가 된다. 그런데 우리는 정작 자신에게는 함께하는 연민을 거의 선물하지 않는다. 내면의 자아가 인내, 동행, 돌봄과 더불어, 빛과 그늘을 포함한 온전한 자기 존재의 성찰이 필요하다는 생각을 떠올리지 못한다.

솔직한 사람이라면 대부분 세 가지 경향을 인정할 것이다. 첫째, 자기 내면의 소리에 주의를 기울이고 경청하지 않는다. 둘째, 자신을 새롭게 하고 돌보는 시간을 갖지 않으면서 어쩌다 한 번 그런 일을 상상해 보고는 이기적인 행동으로 치부한다. 셋째, 외부의 검증과 인정을 추구하면서 자기 내면의 기준과 잣대는 그만큼 중시하지 않는다.

그러나 진정성 있는 내면의 소리와 인간성은 그 반대로 나타나며 심지어 한 발 더 나아간다. 자신을 인정하고 돌보는 능력은 자기 성찰의 실천과 맞물리면서 연민 어린 태도의 필수 요소들을 배양한다. 이 요소들은 자기중심적이지 않은 자신감처럼 모순적인 특성이 있다. 이는 타인의 삶과 여정에 부적절하게 침투하지 않으면서 자신의 두려움과 반응, 인정 욕구를 받아들이는 능력이기도 하다. 우리는 예수의 일상에 이런 자기 성찰과 돌봄의 행위가 실제로 존재했음을 일관되게 발견한다. 아울러 우리와 마찬가지로 예수도 자신의 믿음을 표현할 때 중요하고 도전적인 양상으로 내면과 외부에서 매우 흥미로운 여정을 경험했다는 사실을 알게 된다. 그럼, 자기 성찰과 자기 돌봄이라는 시각을 염두에 두고서 몇 가지 예를 살펴보자.

따로 떨어져서 시간을 보내기: 첫 번째이자 아마도 가장 분명한

3_화해의 기술: 예수

예는 예수가 따로 떨어져 있는 시간을 추구한 일이다. 그것은 외부의 사역에서 물러나고 벗어나서는 성찰하고 침묵하고 걷는 공간으로 들어가는 방식이었다. 즉 혼자만의 시간을 갖는 것이었다. 이를 "광야에서의 시간"으로 상상해 볼 수도 있다. 본질적으로 그 시간은 더 깊은 내면의 소리, 목적의식, 소명감과 다시 연결되는 공간이며, 호흡하고 기도하고 성찰하는 시간을 의미한다.

다른 이들과 함께 걷기: 두 번째이자 아마도 좀 덜 분명한 요소는 예수의 사역이 다른 이들과 나란히 걸으면서 이루어졌다는 점이다. 그들은 걸으면서 그날그날의 사안을 이야기하고 주목하고 대응했다. 예를 들어 마가복음에는 "도중에" 혹은 "그들이 가는 중에"라는 표현이 수십 차례 등장하면서 그런 흥미로운 특징이 나타난다.

현대인들은 건물 안에서나 교실에 앉아서 교육이 이루어진다고 생각한다. 이런 교육은 "따로 떨어져 있는 시간"을 의미하는 그리스어 **스콜라**^{scola}의 현대적 표현으로, 바로 여기서 현대의 학교 개념이 탄생했다.

내가 최근에 생겨난 갈등전환 석사 과정을 개발하는 일에 참여했을 때 우리는 프로그램 인증을 위해 여러 난제를 해결해야 했다. 이 가운데 하나는 현장 실무자들을 위한 여름 강좌와 관련된 문제로, 수강생들이 집중 세미나에 참여한 다음 원격 학습으로 학업을 완료하도록 설계되어 있었다. 프로그램 인증위원단은 학생들이 교실에 **몇 시간을 앉아서** 수업을 받게 되는지 우리에게 물었다. 그리고 이 수업이 한 학기 과정에 필요한 최소 수업 시간을 맞춰야 한다며 우려를 표했다. 나는 그전까지 'seat hours'라는 수업 시수 개념을 들어 본 적이 없었기에 그 개념이 현대 교육을 보여 주는 특별한 창이라는 인상을 받았다. 학생들이 어떤 주제를 배우고 통달하는 일이 교실에 앉아 있는 시간과 연계되어 있었다. 나는 오랜 세월 목사였던 할아버지가 당신 소명의 성향에 대해 "머리는 엉덩이가 견딜 수 있는 만큼만 받아들일 수 있단다." 하고 말씀하신 기억이 자꾸 떠올랐다.

그리스인들부터 부처까지 그리고 페르시아 시인들부터 간디까지 인류의 위대한 스승의 주요 전통을 쭉 돌아보면 신기하게도 그들이 종종 걸으면서 가르쳤다는 사실을 한결같이 발견하게 된다! 예수는 매우 흥미로운 예를 보여 준다. 예수와 그의 제자들은 걸으면서 주변 일들을 알아차리고, 사람들의 삶의 문제에 관여하고, 보이는 것과 보이지 않는 것에 주목하고, 끊임없이 대화했다. 우리는 예수가 그 과정에서 자신의 목적과 방향, 삶의 의미를 더욱 온전히 이해하게 됐음을 감지한다. 공간의 연속적인 흐름은 예수와 그의 제자들 그리고 그들이 만난 사람들의 내적 세계와 외적 세계 사이에서 보이는 의식적인 움직임을 의도적으로 만들어 냈다.

질문하기: 예수는 가장 신뢰하는 이들에게 자신이 누구인지 함께 깊이 생각해 보자고 곧잘 말했다. 나는 마가복음 8장 29절에서 예수가 "너희는 나를 누구라고 하느냐?"라고 질문할 때와 같은 경우,

3_화해의 기술: 예수

대체로 스승이 제자들을 가르치기 위한 교육 방안으로 해석해야 한다는 얘기를 들었다. 그러나 내가 선생으로서 학생들을 가르치는 동안에는 다른 시각으로 해석하는 수밖에 없었다. 나는 예수가 그 질문을 자신에게도 던졌다고 생각한다.

진정한 성찰이 담긴 피드백은 솔직하게 주고받아야 한다. 우리와 의견이 같은 사람들하고만 얘기하거나, 우리 안에 더 깊은 성찰을 불러일으키기보다 원하는 답을 주는 사람들하고만 대화한다면, 더 깊은 내면의 소리를 충분히 듣지 못하고 하나님께서 말씀하시는 방식을 제대로 인식하지도 못할 것이다. 파커 파머는 이 점을 지적하며 우리가 뭔가를 말한다고 해서 그 의미를 안다고 할 수는 없다고 썼다.° 자기 성찰은 중요한 대화가 한창일 때 다른 이들에게 "제 말 좀 끝까지 들어주세요!" 하고 요청하듯이 자신도 그렇게 듣는 행위를 포함한다. 성聖 베네딕트의 제안대로 "경청하고 마음의 귀를 기울이는" 법을 배워야 한다. 예수는 사역의 중심에서 이런 자질을 보였다. 성찰적인 귀를 기른 사람이 겉으로 드러내는 감정이나 생각, 견해에는 내면의 소리를 듣고 자기 이해에 도달한 놀라운 순간이 담겨 있다.

요약하면, 자기 돌봄과 성찰을 일종의 작업 도구로 이해하면 안

°   Parker Palmer, *Let Your Life Speak: Listening for the Voice of Vocation* (San Francisco: Jossy-Bass, 1999), 6.

된다. 자기 돌봄과 성찰이 곧 화해하는 작업이다. 완전히 열려 있으면서도 중심이 있는 함께함은 자기 인식, 자기 성찰, 자기 돌봄을 매일 실천하는 데서 나온다. 산산조각이 난 관계에 놓였든, 감정적 불화를 겪고 있는 이를 돕든 간에 안전함을 만드는 능력, 정직성과 취약성을 기르는 능력, 경청하는 인내력은 자기 존재의 온전함에서 나온다. 자신 또는 타인의 오해나 위협, 분노를 직면하고 있음을 깨달을 때 특히 그럴 것이다. 예수의 치유 사역을 가만히 생각해 보면 함께하는 데서 비롯된 변화의 영향력에 주목할 수밖에 없다. 그분과 함께하는 것만으로도 내적이고 영적이고 대단히 인간적인 경험을 하게 된 것이다.

하나님을 사랑하라: 동행

예수는 공동체의 삶으로 깊숙이 들어갔다. 앞서 보았듯이 예수는 여러 지역을 순회하고 길을 걸으면서 가르쳤다. 우리는 복음서 저자들이 스승 옆에서 함께 길을 걸음으로써 제자도가 생겨난 경위를 거듭 언급했다는 사실에 주목했다. 사전에는 나오지 않는 어형이지만 'Alongsideness(옆에 함께 있음)'라는 단어로 화해 기술의 세 번째 흥미로운 측면을 설명할 수 있다. 이 단어는 근본적으로 예수가 매일 활동하는 과정에서 하나님의 사랑을 본받은 모습을 가리킨다.

3_화해의 기술: 예수

그럼, 간단한 질문으로 논의를 시작해 보자. 가장 위대한 가르침이자 근본적인 믿음의 행위가 "주 너의 하나님을 사랑하는 것"(마태복음 22:37)이라면 하나님을 어떻게 사랑해야 할까? 세 가지 생각에서 찾을 수 있는 답의 흥미로운 단서들이 예수 안에서 발견된다. 첫째, 하나님은 예수를 통해 고통을 나누겠다고 결정하셨다. 즉 인간의 조건에 맞춰 함께하기로 하셨다. 둘째, 예수는 사람들의 친구가 되기로 마음먹었다. 그래서 때로는 사람들에게 함께하자고 권했고 때로는 직접 가서 함께하겠다고 말했다. 셋째, 예수는 당대의 종교적 기준에 따라 사람들이 거리를 두려는 이들, 갈등과 분열 상태에 있는 이들과 함께 식사했다. 이 세 가지는 간단하게나마 살펴볼 가치가 있다.

화해의 세 가지 기술

1. 서로의 인간성에 주목하라.
2. 자기 성찰력을 기르라.
3. 헌신적인 우애로 동행하라.

고통을 함께 나누기: 1장에서 나는 딸의 목숨에 대한 협박을 받고서 하나님 사랑의 본질을 새로이 이해하게 된 일을 언급했다. 나는 친구뿐만 아니라 원수와도 화해하기 위해 자식을 포기하는 부모가 되는 상상을 하면서 힘든 시간을 보냈다. 자식을 포기하는 일은 순전히 무책임한 행동에 지나지 않는다. 하지만 예수의 탄생과 삶과 죽음에서 발견할 수 있는 근본적인 접근법에는 그런 사랑의 특성이 내포되어 있다. 즉 가장 소중한 것을 놓아 버릴 정도로 타인에게 마음을 쓰는 것이다. 요한복음에

서는 이를 "육신flesh" 접근법이라고 일컫는다. 말이 너무 쉬워 담을 수 없을 때는 말을 넘어선 것이 나와야 한다. 그리하여 말씀이 육신이 되어 우리 가운데 장막을 치고 함께 거하는 것이다. 이는 하나님의 선택이었다. 우리와 하나가 되고, 우리가 살아가는 삶에 함께하고, 인간이 되고, 그런 방식으로 깨지고 부서진 관계를 치유하고 화해시키겠다는 뜻이었다. 요컨대 예수는 하나님이 품은 연민의 살아 있는 본보기가 되었다. 하나님이 우리 옆에 함께 있고 고통을 나누며 그야말로 취약한 상태가 되기로 선택하신 것이다.

이 주제는 화해를 이해하기 위한 우리의 여정에서 중요하다. 화해는 상대방에게서 하나님의 얼굴을 보고, 상대방의 관점에서 세상을 느껴야 하며, 인간의 경험과 상태를 통제하는 게 아니라 그에 **맞추어 가는** 헌신이 따라야 한다. 우리는 그것을 야곱의 이야기에서 보았다. 야곱은 무슨 일이 벌어질지 모른 채 자신이 두려워하는 모든 것을 향해 돌아서고 형에게로 돌아가라는 부름을 받았다. 하나님은 다 괜찮아질 거라고, 야곱이 도착하기 전에 모든 일이 잘 처리될 거라고 약속하지 않으셨다. 그저 "내가 너와 **함께** 있겠다"라고 약속하셨다. 그 약속은 미가 선지자의 '본질적인' 가르침과 비슷한 내용이다. 우리 대부분이 알고 있는 그 구절에서 선지자는 신실한 자에게 무엇이 필요한지 묻고 종합적인 가르침이 담긴 답을 준다. "오로지 공의를 실천하며 인자를 사랑하며 겸손히 네 하나님과 함께 행하는 것"(미가 6:8)이었다. 요한복음에서는 그 말을 이렇게 되풀이한

3_화해의 기술: 예수

다. "그 말씀은 육신이 되어 우리 가운데 **사셨다**."(요 1:14) 만약 우리가 그것을 화해의 근간이 되는 기술이라고 여긴다면 세 기술 중 으뜸인 하나님을 사랑하는 일에는 인간의 고통에 기꺼이 맞추어 살고자 하는 마음과 더불어, 하나님이 우리와 함께 있겠다고 선택하신 방식으로 타인들과 함께 있으려는 의지가 필요하다.

친구가 되기: 예수의 행동을 관찰하다 보면 요즘엔 잘 사용하지 않는 옛날 영어 동사인 'befriend(친구가 되다)'로 표현할 수 있음을 깨닫는다. 예수가 세리장 삭개오, 나환자, 우물가의 여인을 비롯해 뭇사람의 친구가 된 예는 수없이 많다. 하지만 숱한 사례에서 보듯이 예수의 아주 친한 친구였던 제자들은 불순한 자들, 원수들, 불경한 자들과 그런 식으로 함께하는 것이 몹시 낯설었기에 그런 이들에게서 오히려 예수를 보호하려고 행동했다. 예수의 제자들은 사람들의 접근을 막았다. 제자들은 누가 중요한 사람인지, 누구는 들여야 하고 누구는 들여선 안 되는지 관여하는 문지기 역할을 했다. 그들은 사람들이 오면 뒤로 물러섰다. 더러운 이들이나 병자들과는 접촉하고 싶어 하지 않았다. 신앙의 적들과도 거리를 두었다. 제자들은 그날의 중요한 일에 달려들면서도 옆에 있는 인간은 주목하지 않았다. 반면 예수는 어느 경우에나 정반대로 행동했다. 예수는 사람들을 보면 발길을 멈추고, 주목했으며, 마음을 활짝 열었다. 그리고 손을 뻗어 그들을 어루만지고, 옆에서 함께 걸으며 그들의 집으로 갔다.

함께 식사하기: 예수는 사람들과 함께 먹었다. 예수가 무엇보다도 많이 한 일이 그들과의 식사다. 여기서 우리는 걸으면서 정의를 실천하고 자비를 사랑하는 모범을 본다. 그리고 이런 전형에서 경계와 분리, 순수성에 대한 의문이 생긴다. 경건함은 사람들과 거리를 두고 분리되는 모습으로 나타나지 않는다. 상대방과 친구가 되는 행동에서 발견된다. 원수의 세계로 걸어 들어가 소외된 이들이나 불순하다고 여겨지는 이들과 함께 식탁에 앉아 식사하는 예수의 접근법에서 우리는 화해의 핵심 기술인 **동행**accompaniment을 온전히 대면한다. 우리가 떠올리는 예수의 이미지는 옆에 함께 있다alongsideness는 생생한 느낌을 불러일으킨다. 그것은 말 그대로 그가 산 시대와 장소에서 소외되고 소원해진 이들과 함께 걷는 모습으로 나타났다.

지난 몇 년간 나는 교실이나 그룹 토론 대신 함께 산책하며 어떤 주제나 문제, 통찰에 관해 토론하게 함으로써 사람들을 훈련하고 교육하는 일을 실험하고 있다. 그렇게 해 보니 사람들이 걸으며 이야기할 때 질적으로 뭔가 다른 것이 나타난다. 나는 가르치는 학생들과도 그렇게 같이 걸으면서 대화한다. 사무실에서 이야기를 나누는 대신 30분 정도 산책하자고 곧잘 제안한다. 그렇게 산책할 때 대화가 깊어지고 넓어지는 현상이 생긴다. 어깨를 나란히 한다는 것은 우리가 같은 방향을 바라보고 있다는 의미다. 이때 나는 같이 걷는 사람의 견해나 우려에 동조하고 있다는 느낌이 든다. 우려를 표할

3_화해의 기술: 예수

때도 연결되고 지지받는다고 느낀다. 함께 걷다 보면 몸과 마음, 정신에서 뭔가가 촉발된다. 아마도 그건 마음과 목숨과 뜻을 다해 사랑해야 하는 도전과 관련된 온전함이 아닐까 싶다.

화해라는 도전은 나 자신과의 가장 뿌리 깊은 투쟁을 이해하기 위해 그것과 함께 가는 것, 다른 사람의 투쟁과 이야기와 함께 가는 것, 그리고 그 두 과정에서 예상치 못한 하나님의 임재와 함께 가는 것이다.

예수 오용

사람들은 내 신앙이 내가 하는 평화 세우기를 어떻게 알리고 이끌며 지속하게 하는지 종종 묻는다. 이런 질문은 순전히 호기심에서 나올 때도 있고 의심이나 판단이라는 미묘한 형태를 띨 때도 있다. 때때로 사람들은 내가 평화를 세우는 일을 하면서 전도하지 않는다며 우려를 표한다. 사람들이 서로 평화롭게 살아가는 법을 배우고 있는지보다 구원을 받고 있는지 더 걱정해야 한다며 염려하기도 한다. 또한 내가 하는 일에서 예수님을 충분히 우선시하지 않는 게 아니냐고, 사람들이 예수를 찾도록 돕는 데 왜 집중하지 않느냐며 의아해하기도 한다. 이런 신학적 견해와 우려는 당신이 본 적 있는 자동차 범퍼 스티커의 문구로 잘 요약되어 있다고 본다.

예수를 알아야 평화를 안다.

예수 없이 평화 없다.

이런 문장에는 나를 불편하게 하는 몇 가지 가정이 들어 있다. 이 범퍼 스티커는 평화를 개인의 상태로 정의하면서 그리스도인들에게는 어떻게든 주어지나 그 밖의 사람들은 얻기 어려운 것으로 규정하고 있다. 아울러 예수 그리스도와의 개인적 관계를 통해서만 평화를 얻을 수 있다고 가정한다. 그리스도교로 개종해야 평화가 온다는 가정이 담겨 있다. 여기에는 이중적 의미가 있다. 개인의 구원이 평화의 토대를 제공한다는 것과 더불어, 평화를 위한 모든 봉사(또는 어떤 다른 임무)의 궁극적 목표가 사람들을 어떤 배타적 진리에 이르게 한다는 것이다.

나는 거기에 동의하지 않는다. 나는 그리스도인이고 메노나이트 아나뱁티스트이며 신앙인이다. 하지만 평화가 특별한 사람만 얻을 수 있는 독자적인 것인 양 여기는 이런 발언을 보면 좌절감이 든다. 거룩함으로 포장된 정당성과 위험한 악마가 활개 치는 세상에서 신앙을 단념하고 종교를 폄하하는 이들도 있다. 종교에 대해 나는 젊었을 때보다 지금 더 많은 의문을 품고 있다. 평화 세우기 일을 시작했을 때 품은 확신이 떨어진 상태라고 할 수도 있겠다.

그러나 아이러니하게도 폭력을 직면하고 살아가면서 오히려 내 신앙심은 깊어졌는데 용기 있고 진실하게 자신의 길을 찾은 비범한

　　　　　　　　3_화해의 기술: 예수

사람들을 만난 덕분이기도 하다. 나는 확신이 떨어졌다고 해서 믿음이 줄어들었다고 보지 않는다. 내게 신앙심이란 양과 확신의 문제가 아니다. 그것은 본질의 문제다. 하이쿠 같은 것이다. 예수는 믿음을 겨자씨라고 불렀다. 요즘 겨자씨는 잡초로 여겨진다. 하지만 겨자씨는 작아도 뭐라 설명할 수 없는 성장 가능성을 품고 있다.

그렇다면 예수는 어디에 있는가? 쉽게 답하자면 예수는 내가 그의 극적이고 한없이 굴곡진 길을 따라 하루하루 걸음을 내디딜 때 경험하는 그의 삶과 가르침과 은총 가득한 임재 속에 있다. 예수는 화해의 궁극적인 본보기이자, 사람들을 주목하고 함께 머물며 친구가 되어 준 분이고, 우리를 거룩한 세쌍둥이인 자애로운 '하나님-이웃-자신'으로 불러들이며 타인과 함께하는 우리의 존재를 정의하는 분이다.

예수의 모습으로 드러난 하나님은 우리 곁에 집을 지으셔서 우리가 함께 걷고 살아가는 사람을 보고, 듣고, 느끼고, 만지고, 교류하게 하신다. 예수를 통해 우리는 하나님의 화해하는 사랑이 실재함을 본다. 그것은 만물이 조화를 이룰 수 있다고 꿈꾸며 살아갈 용기를 내어 참사랑을 구현하는 자의 모습이다.

4
- -

태초에 갈등이 있었느니라: 창조

창세기에는 태초에 하나님께서 천지를 창조하셨다고 나온다. 창조주 하나님은 혼돈과 공허에서 세상을 만드셨다. 빛과 어둠을 나누어 시간과 역사의 시작을 알리셨다. 땅과 바다를 분리하셨다. 창공이 물 위와 아래를 갈랐다. 모든 종류의 식물과 짐승, 새, 물고기가 생겨났다. 그다음으로 인간이 존재하는 기적이 일어났다. 하나님의 형상대로 사람이 창조된 것이다. (창세기 1:27)

하나님의 이 놀라운 행위는 이미 수많은 책에 기록되어 있다. 지금 창세기 1장을 놓고 학문적인 해석을 해 보자고 제안하는 게 아니다. 그런데도 나는 우리가 누구인지, 어떻게 살고 교류하는지, 그리고 인간의 역사를 창조하신 하나님의 본래 의도가 무엇이며 어떻게 이해할 것인지와 관련해 이 사건이 갖는 중심성에 항상 감탄한다. 또한 이 창조 이야기가 갈등 신학을 발전시키는 것과 깊은 관련이 있다고 믿는다. 따라서 창세기 1장에 내재한 갈등 신학에 대해 몇 가지 소견을 나누어 보겠다.

우리는 하나님의 형상대로 창조되었다. 모든 사람 안에는 "신성 that of God"이 있다. 그런데 연약하고 유한한 존재인 우리가 역사의 하나님 God of history을 닮았다는 생각을 어떻게 떠올릴 수 있었을까? "형상"이라는 딜레마에 접근하는 여러 방법이 있다. 그 가운데서도 '창세기에서 사실상 하나님께서 하신 일이 무엇인가?'와 같이 자명한 질문부터 던지는 게 유익하다. 이렇게 시작하는 편이 '하나님은 누구신가?'라는 훨씬 복잡한 질문을 던지고 답하려는 것보다 낫다.

하나님께서 하시는 일을 알면 우리가 창조될 때 본뜬 하나님의 형상 안에 있는 하나님의 본성에 대해 적어도 몇 가지는 생각해 낼 수 있을 것이다. 곧바로 할 수 있는 대답은 꽤 간단하다. '하나님은 창조하신다.' 그러면 또 다른 의문이 꼬리를 문다. '창조에 필요한 것은 무엇인가?' 나는 창조의 과정이 몇 가지 다른 차원의 활동과 의미에 기반을 둔다고 믿는다.

생각: 창조는 아이디어, 이미지에서 시작한다. 여기에는 떠올리고, 투영하고, 계획하는 능력이 필요하다. 다시 말해, 자기 안의 생각을 밖으로 꺼내야 한다.

느낌: 창조는 느낌과도 연관되어 있다. 창조는 단순히 머릿속의 "생각"이 아니다. 우리가 떠올리는 형상은 더 깊은 차원의 직감 gut feeling과 관련되어 있다. 우리는 "감동"을 받아 뭔가를 한다. 생각을

느끼는 것이다. 달리 말하면 창조는 열정과 돌봄에 뿌리박고 있다. 여기서 **연민**compassion이라는 말이 이런 '직감'과 이미지에서 솟는다는 점을 특별히 언급해야겠다. 예수의 사역에서 **연민**이라는 단어가 나오는 많은 사례를 놓고 신학자들은 그것이 예수가 "직감을 받았다"라는 구절에서 번역된 말임을 지적한다.

행동: 창조는 또 다른 차원에서 행동을 요구한다. 우리는 어떤 열정을 품고서 "그 생각을 실행하자." 하고 말한다. 예술가의 경우 자신이 느낀 이미지를 표현한다. 행동은 움직임과 접근, 표출을 아우른다. 아이디어를 고민하고 실현하기 위해 의도적으로 활동을 추진하는 것이다. 그러려면 탄생 과정과 마찬가지로 뭔가 상상은 되지만 물리적으로 보이거나 들리거나 느껴지지 않는 것이 필요한데 그것을 시각, 청각, 촉각의 세계로 끌어내는 게 행동이다. 따라서 창조는 행동이다.

창세기 이야기를 살펴보면 이와 동일한 기본 요소가 보인다. 하나님은 상상하고, 투영하고, 숙고하고, 계획하신다. 열정을 갖고서 느끼고 돌보신다. 그리고 역사 안에서 움직이고 활동하신다. 우리도 생각하고, 구상하고, 투영하고, 행동하는 이런 기본적인 능력을 부여받았다. 우리는 역사 안에서 활동한다. 사실 우리는 자신이 실제로 경험하는 역사를 창조하고 있다. 우리는 자신의 역사를 계속 만들어 가는 공동 창조자다. 그 역사의 어떤 부분은 선한 반면 어떤 부분은 자신과 타인에게 해를 끼치지만 말이다. 그래도 우리는 역

4_태초에 갈등이 있었느니라: 창조

사에 참여하고 있다.

창조 약속

창세기를 보면 하나님께서는 일련의 창조 약속creation commitments을
하셨다. 이 약속들은 하나님께서 세상을 상상하고 만드신 방식의
특성이나 역학이라 할 수 있다. 이제 갈등과 더불어 궁극적으로 화
해를 이해하는 데 영향을 주는 세 가지 창조 약속을 살펴보자.

하나님은 모든 사람 안에 존재하신다: 창조라는 가장 중요한 행
위를 거쳐 우리는 하나님의 형상대로 만들어졌다. 이 행위에서 우
리는 모두의 내면에 신성이 있으리라는 기본적인 약속을 발견한다.
우리 안에 존재하는, 창조주가 투영된 특성들을 통해 그 사실을 안
다. 누구나 생각하고, 투영하고, 느끼고, 돌보고, 행동하는 능력을
받았기 때문이다.

우리는 야곱이 에서를 만났을 때 한 말을 매우 심오한 방식으로
수긍할 수 있다. "형님의 얼굴을 뵙는 것이 하나님의 얼굴을 뵙는 듯
합니다."(창 33:10) 인류와 우리 개인은 생명을 선물 받았고 그 안에
하나님의 임재와 손길이 있다. 모든 사람 안에는 신성이 있다. 초기
퀘이커 교도의 가르침대로 평화 만들기에서는 개개인의 신성에 호
소해야 한다.

하나님은 다양성을 귀히 여기신다: 두 번째 확약은 하나님께서 우리를 "남성과 여성"으로 만드셨다는 심오하고도 절제된 표현에 나와 있다. 이 말을 듣고 어떤 이들은 "아하! 그렇구나." 하고 외치면서 "창세기 1장과 갈등이 관련되어 있는 게 이제야 보이는군."이라고 할 것이다. 성별의 차이와 갈등에 관한 유용하고 중요한 문헌과 연구가 상당수 존재한다. 하지만 나는 창조 이야기에 있는 '하나님이 다양성을 만들어내셨다'는 기본 진리에 더욱 관심이 있다.

창조 이야기에는 차이와 구별이 배어 있다. 창세기 1장은 씨앗, 식물, 물고기, 짐승을 언급하면서 "종류대로"라는 표현을 열 번이나 사용했다. 그런 대목에서 나는 생명의 다양성이 무한히 들어찬 열대 우림이나 다양한 생물로 가득한 산호초의 전경이 떠오른다.

창조 이야기에는 또 다른 차원에서 질서와 의미를 부여하는 세심한 구별이 있다. 빛이 낮과 밤을 만들었다. 땅과 하늘이 분리되었다. 창공이 물을 그 위와 아래로 갈랐다. 바다와 땅이 서로 떨어졌다. 이처럼 각 요소는 다른 한쪽과 구별되어도 관계 안에서 서로 연결되는 정체성과 의미를 지닌다.

이 과정은 인류를 남자와 여자로 창조한 데서 절정을 이룬다. 이 단순한 시작은 하나님의 변함없는 약속 중 하나가 된다. 가족과 혈족 그리고 가장 가까운 사람들을 살펴봐도 우리는 자신과 꼭 닮은 사람을 발견하지 못한다. 공동체, 심지어 나라를 다 뒤져도 개개인은 여전히 고유한 존재일 것이다.

4_태초에 갈등이 있었느니라: 창조

이 세상에 70억 명(2022년 말 세계 인구는 80억 명을 돌파함-옮긴이)
이 넘게 살고 있지만 서로 꼭 닮은 사람은 없다. 역사를 거슬러 태초
까지 올라가 봐도 완전히 닮은 사람이 살았거나 창조된 적 없었다는
사실만 깨달을 뿐이다. 이란성 쌍둥이는 모든 유사성에도 불구하고
고유한 특징이 있다. 일란성 쌍둥이는 다양한 경험을 하며 다르게
성장한다. 하나님은 다양성을 중시하셨고 계속 그러실 것이다.

하나님은 우리에게 당신과 같은 자유를 주신다: 세 번째 확약은
선악을 알게 하는 나무에서 발견된다. (창 2:9, 17) 이 나무는 타락의
전조와 에덴동산에서 죄악의 시작으로 종종 여겨진다. (창 3장) 사람
들은 하나님께 받은 것에 만족하지 않고 "하나님과 같이"(창 3:5) 되
고자 했다. 우리는 보통 아담과 하와의 선택이 가져온 결과로 성급
히 넘어간다. 하지만 그러면 하나님께서 아담과 하와를 창조하실
때 그들에게 선택의 자유를 주기로 약속하셨다는 깊은 통찰을 간과
하게 된다.

이 약속은 아마 인간의 다른 어떤 특성보다도 인간이 창조될 때
본뜬 하나님의 형상과 본성의 뜻을 밝힌다. 하나님은 자유로운 분
이기에 자유롭게 행하시고, 선택하시고, 행동하신다. 이런 의미에서
선악을 알게 하는 나무는 인간에게 선택권을 주기 위해 꼭 필요하
다. 이게 자유의 실체다. 기회나 선

창조 약속

1. 하나님은 모든 사람 안에 존재하신다.
2. 하나님은 다양성을 귀히 여기신다.
3. 하나님은 우리에게 당신과 같은 자유를 주
   신다.

택권, 자유가 없다면 인간은 피조물 가운데서 고유한 지위를 상실하고 만다. 우리가 하나님의 형상대로 창조되었다는 것은 하나님께서 우리에게 하나님과 같은 자유를 주겠다고 약속하신 정도까지 의미한다.

인류: 역동적인 조합

표면적으로 보면 이 창조 약속은 하나하나 자명하고 다소 단순해 보인다. 그러나 이 약속들을 합치면 상당한 조합이 된다. 각각의 인간은 생각하고, 구상하고, 투영하고, 느끼고, 행동하는 능력을 지닌 하나님의 형상대로 창조되었다. 그러나 인간은 저마다 고유한 개별 존재로 창조되고 선택의 자유를 누린다. 이 모든 것이 타락 이전의 창조에 내재해 있었다.

이제 한 발 뒤로 물러나 창조의 중요한 측면을 살펴보자. 나는 세미나를 진행할 때 질문이 포함된 예시를 두 가지 들어 의도적이고도 재미있게 이 문제에 접근한다.

먼저 청중에게 개미 군집과 자신의 교회 사람들 같은 그리스도인 집단을 비교해 보라고 하면서 인간이 동물과 구별되는 점들을 찾아보라고 한다. 그러면 사람들이 처음에는 웃으면서 비슷한 점들을 말한다. "둘 다 열심히 일하죠.", "공동체를 이루며 살아요.", "실용적

　　　　　　　　　4_태초에 갈등이 있었느니라: 창조

이고 일을 완수하고 싶어 해요.", "모두 비슷해 보여요."

그런 다음에는 차이점에 대한 답들이 나온다. "우리는 생각하고 느끼지만 개미들은 본능적으로 행동해요.", "우리는 선택하고 꿈꿀 수 있어요.", "같은 인간 안에서도 꽤 다양한 인종이 존재해요.", "우리는 저마다 영혼과 마음, 신성함을 지닌 고유한 개인이에요." 이런 말들이 나오는 가운데 우리는 하나님과 같은 신성함을 지닌 우리의 삶과 경험이 개미들보다 얼마나 역동적이고 풍요로운지 알게 되고 우리가 마음과 정신과 영혼을 지닌 개별 존재임을 깨닫는다.

그러고 난 뒤 나는 이런 말을 덧붙인다. "아, 그런데 말이죠. 개미들은 자기네 군집 안에서 싸우지 않는답니다." (세미나 그룹에 곤충학자들이 참여한 적이 여러 번 있었는데 그들은 좌중의 분위기를 압도하는 그 말이 과학적 사실이라고 확인해 주었다. 그러면 대개 사람들은 개미들이 인간처럼 갈등을 겪지 않는다는 데 기분 좋게 동의한다.) 그다음 두 번째 단계에서 나는 청중에게 상상력을 발휘해 보라고 한다. "여러분이 정부로부터 완벽한 공장을 지으라는 요청을 받았다고 잠시 상상해 보세요. 여러분은 필요한 모든 자연 자원과 인적 자원을 제공받을 거예요. 뭘 시도하든 걸림돌이 없어요. 그렇다면 여러분은 완벽한 공장을 어떻게 만드시겠습니까?"

이 질문은 우리가 완벽한 세상을 만드는 생각을 할 때 자연스레 떠올리기 쉬운 문제를 고찰하게 한다. 일반적인 반응은 이상적인 공장에 로봇 노동자들을 두고 싶다는 유혹이다. 만약 그렇게 한다면 공장은 아무 문제 없이 기계적으로 돌아갈 것이다. 노동자들은 특정한 작업을 수행해야 할 테지만 생각하거나, 꿈을 꾸거나, 이런 저런 선택을 할 일은 없을 것이다. 모든 게 결정되어 있기 때문이다. 사람들은 지시를 따르고 제품을 만들기만 하면 된다.

이상적인 공장을 만든다면서 다양성과 선택권을 없앤다는 점이 얼마나 흥미롭고 아이러니한가! 그 공장은 갈등도 없앤다. 조지 오웰의 《1984》나 올더스 헉슬리의 《멋진 신세계》처럼 미래를 그린 주요 소설을 읽으면, 모든 게 문제없이 돌아가는 세상이 완벽하다고 가정하면서 그런 세상을 지배하는 자들이 낙원을 갈등이 존재하지 않는 곳으로 여기는 과정을 보게 된다. 이 세상을 그런 상태로 만들기 위해 지배자들은 다양성과 개성을 지우고, 정보를 통제하며, 상상력과 선택권을 제한한다. 바꿔 말하면 그런 세상은 모든 이에게 신성과 독특한 다양성, 온전한 자유를 주시는 하나님의 창조 약속과는 정반대 모습이다.

여섯째 날 하나님께서는 창조한 세상을 바라보며 "참 좋았다"라고 말씀하셨다. 그러나 솔직히 말하면 세상은 엉망이었다. 역동적이고, 풍요롭고, 놀라운 난장판이었다. 하지만 내가 보기에는 그게 창조 약속의 핵심이다. 인간의 경험을 풍요롭고 역동적으로 만드는 요소이자 개미의 경험에는 빠져 있는 그 특성들이야말로 갈등을 피할 수 없게 만드는 요인들이다. 하나님께서 창조할 때 하신 약속으로 갈등은 인간 경험의 자연스러운 부분이었고, 지금도 그러하며,

4_태초에 갈등이 있었느니라: 창조

앞으로도 그럴 것이다. 우리가 창조된 그 방식대로 갈등은 인류에 속하게 될 것이다.

이 문제를 조금 더 나아가 살펴보자. 우리 대부분은 갈등이 오늘날 우리 삶과 관계의 한 부분이라는 점을 인식한다. 그러나 기독교계 내부에서는 갈등이 사실상 죄의 존재를 보여 주는 것이라는 꽤 강경한 시각이 흔한 듯하다. 타락한 본성의 인식은 갈등이 죄라는 일반적인 시각으로 이어진다. 그에 반해 하나님의 창조 약속은 다른 관점을 제공한다. 인간이 타락하기 전 하나님의 당초 계획에 따라 인류가 탄생한 방식을 보면 차이와 갈등이 피할 수 없는 정상적인 상태라는 것이다.

아담과 하와는 동식물의 이름을 짓고, 먹을 것을 스스로 마련하고, 땅을 채워 가며, 자녀를 낳아 번성했다. 그런데 이들이 과연 이견이나 논쟁 없이 자신들의 과업을 수행했다고 상상할 수 있겠는가? 아담과 하와는 둘 다 하나님의 형상대로 창조되었다. 각자 개별적이면서도 자유로운 존재였다. 그러니 둘이 의견 차이가 없었다거나 다툰 적이 한 번도 없었다고 상상할 수 있겠는가? 만약 그렇다면 그 얼마나 지루한 삶이었겠는가!

창세기 이야기는 하나님께서 창조하신 우리의 정체성 때문에 갈등이 관계의 자연스러운 부분이 되도록 기초를 마련한다. 갈등은 본래 죄가 아니다. 그러나 우리가 갈등에 어떻게 접근하고 갈등을 어떻게 다루며 특히 서로를 어떻게 대하는가에 따라 죄가 갈등 상황에 개입할 수도 있다. 죄는 인간관계의 질을 보여 주는 특징이다.

죄가 갈등 속으로 들어왔다는 징조는 우리가 신이 되려 할 때, 우월한 척할 때, 다른 이들을 억압할 때, 다른 사람 위에 군림하려고 할 때, 듣기를 거부할 때, 타인을 무시하고 배제할 때, 깊은 감정을 억누를 때, 회피할 때, 남을 미워할 때, 자기 성찰 없이 비난을 퍼부을 때 나타난다.

요약하면 갈등에 대한 기독교적 이해는 이런 기본적인 창조 약속을 바탕으로 한다. 우리는 하나님의 형상대로 창조되었으므로 하나님은 우리 모두 안에 존재하신다. 하나님은 다양성을 귀히 여기신다. 하나님은 우리에게 자유를 주기로 하셨다. 이런 요소들로 말미암아 우리 삶은 풍요롭고, 끊임없이 새로워지고, 흥미롭다. 아울러 갈등은 인간관계의 자연스러운 부분이 되었다.

갈등이 불붙어 도움을 외쳐야 할 때: 시편

어린 시절, 아나뱁티스트 전통을 물려받아 성장한 나는 오랜 시간 내 나름대로 평화 신학을 정립해 갔다. 하지만 원수를 박살 내는 구약 성서 이야기를 다뤄야 할 일은 없었다.

그런데 마침내 그 계기가 찾아왔다. 1장에서 언급했듯이 내 딸에 대한 협박을 알려 주는 끔찍한 전화를 받았을 때였다. 친구가 수화기 저편에서 "당신은 이제 우리 일원이 됐어요." 하고 말하던 그 순간, 나는 피해망상과 공포의 끔찍한 세계로 들어섰다. 그리고 원수를 완전히 박살 낼 수 없다면 원수에게서 떨어져 보호받고 싶다는 구약의 정서와 개인적으로 연결되었다.

그 전화를 받기 전까지는 어떤 원수의 위협도 그 원수에 대한 증오도 진정으로 느낀 적이 없었다. 그러나 그 전화를 받고 나서 그런 감정을 실제로 느꼈다. 때때로 내 안의 작은 목소리가 단체로 이렇게 외쳤다. "주님, 이 자들은 누굽니까? 그들은 무슨 권리로 이런 짓을 벌이는 건가요? 제정신이라면 누가 중요해 보이지도 않는 정치적 목적을 추구한답시고 무고한 세 살배기 어린애를 납치하겠다고 협박하죠? 대체 어떤 자들이 이런 짓을 할까요?"

협박의 배후에 이름도 얼굴도 모르는 자들이 존재한다고 인식하니 분노심과 부당하다는 느낌이 커져만 갔다. 나는 숨어서 조종하고 타인의 삶을 한 방에 파괴할 수 있는 자들의 원수가 되어 있었다. 그들은 몇 달러 때문에 나를 죽일 수도 있는 자들이었다. 내가 전혀 알지 못하는 사람들이었다. 나는 그들에게 그런 행위에 대한 책임을 물을 수도 없었다.

처음에는 개인적인 방식으로 악의를 품었다. 이런 사건들을 겪으면서 내 마음은 평화주의 정신을 건너뛰고 시편의 저자가 절규하는 소리와 연결됐다. "주여, 나를 구원해 주시고 내 원수들을 물리쳐 주소서."

주님, 한 맺힌 탄식을 가눌 길이 없어서, 나는 분노에 떨고 있습니다.
저 원수들이 나에게 악담을 퍼붓고,
저 악인들이 나를 억누르기 때문입니다. (시편 55:2~3)

그들을 말끔히 없애 버리시고,
그들의 언어가 혼잡하게 되도록 하여 주십시오. (시편 55:9)

5_갈등이 불붙어 도움을 외쳐야 할 때: 시편

악한 사람은 모태에서부터 곁길로 나아갔으며,

거짓말을 하는 자는 제 어머니 뱃속에서부터 빗나갔구나.

그들은 독사처럼 독기가 서려 있구나. (시편 58:3~4)

하나님, 그들의 이빨을 그 입 안에서 부러뜨려 주십시오.

주님, 젊은 사자들의 송곳니를 부수어 주십시오.

그들을 급류처럼 흔적도 없이 사라지게 해주십시오.

겨누는 화살이 꺾인 화살이 되게 해주십시오.

움직일 때 녹아내리는 달팽이같이 되게 해주십시오.

달을 채우지 못한 미숙아가 죽어서 나와

햇빛을 못 보는 것같이 되게 해주십시오. (시편 58:6~8)

의로운 사람이 악인이 당하는 보복을 목격하고 기뻐하게 하시며,

악인의 피로 그 발을 씻게 해주십시오.

그래서 사람들이 "과연, 의인이 열매를 맺는구나!

과연, 이 땅을 심판하시는 하나님은 살아 계시는구나!" 하고

말하게 해주십시오. (시편 58:10~11)

중앙아메리카에서 일하는 동안 줄곧 전쟁의 폭력이 가까이에 있었다. 그래서 전쟁이 무엇인지, 어떤 결과를 초래하는지 잘 알았다. 부모와 자식, 형제자매들을 잃은 가족들을 알고 있었다. 팔다리

를 잃은 친구들, 심지어 목숨을 잃은 친구들도 있었다. 하지만 제아무리 많이 알고 있었어도 **나를 향한** 폭력과 조종을 직접 경험한 뒤에야 비로소 공포를 동반한 깊은 분노를 이해하기 시작했다. 아울러 증오의 쓴맛과 무력감에서 오는 좌절을 알게 됐다. 내가 '그들의 일원'이 되었을 때 잠깐이나마 정의로운 하나님을 향해 울부짖으며 나를 구해 달라고 하면서 하나님에게 절대적으로 의존하는 경험을 했다.

중앙아메리카에서 일하던 시기의 내 경험담 두 편은 전쟁 지역의 사람들이 시편의 저자가 표현한 분노와 공포에 어떻게 동감할 수 있는지 보여 준다.

저기 '미국놈'이 있다. 저놈 잡아라!

그 전화를 받은 뒤 몇 달 동안 그런 압력과 협박에도 불구하고 우리는 갈등 중인 미스키토족 지도자들과 산디니스타 정부 지도자들을 협상 테이블로 데려오도록 도와 어느 정도 성공을 거뒀다.

최초 합의의 일환으로서 양측 지도자 전원이 니카라과 동해안에 있는 미스키토족 지도자들의 본고장에서 만나는 데 동의했다. 그리하여 추방당한 지도자 다수가 몇 년 만에 처음으로 귀환할 수 있었다. 그전까지는 원수지간이던 사람들이 보는 앞에서 공개적으로 돌아온 적이 한 번도 없었다.

　기대감이 생기는 동시에 취약성이 드러나는 시간이었다. 지도자들은 주요 도시의 공식적인 협상 테이블에서 몇 가지 진전을 이뤘다. 하지만 그 협정을 실행하는 것은 물론, 전쟁이 한창인 마을들에서 사람들에게 그 내용을 설명하기조차 어려운 상황이었다. 우리 화해조정팀은 귀환하는 미스키토족 지도자들과 동행해 그들의 공동체 구성원을 만나 평화 협상 과정을 설명해 달라는 요청을 받았다. 그들은 우리에게 진정한 화해로 가는 길에 함께하고 그에 따르는 모든 난관을 같이 헤쳐 가자고 청했다.

　그 제안은 논리적인 듯 보이지만 막상 쉬운 일이 아니었다. 두 진영 모두 의문과 의심을 품고 있었다. 마나과^{Managua}의 호텔에 모이긴 했으나 우리에게는 협상의 의례와 형식이 없었다. 마을에서는 모임이 자연스럽게 진행되었다. 사람들은 자기네가 제압하려 했던 원수들, 많은 경우 자신들의 직계가족을 죽인 바로 그 원수들과 얼굴을 마주하고 서 있었다.

　우리는 여러 날, 긴 시간 동안 강을 따라 그 지역의 오지로 이동했다. 몇몇 마을에서는 주민들이 처음으로 나서서 갈등 중인 양측의 여러 지도자와 함께 지역 차원에서 직면한 어려움을 놓고 이야기를 나눴다. 한 마을에서는 주민들이 꽤 길게 이야기하면서 모임에 참석한 특정 지역 산디니스타 정부군 지휘자가 저지른 잔학 행위를 상세히 밝혔다.

엄청난 고통과 감정이 표출되는 상황이다 보니 그 자리에서 갑자기 일어나는 일은 아예 통제 불가능하지는 않더라도 대처하기가 어려웠다. 그날 밤, 산디니스타 정부군 지휘자와 부하 몇 명이 습격받아 크게 다쳤다. 그 소문은 우리를 앞질러 빠르게 퍼졌다.

우리가 북동부의 주요 도시인 푸에르토카베사스Puerto Cabezas에 이르렀을 무렵 산디니스타 동조자들은 귀환하는 선주민 지도자들이 선동적인 연설을 한다고 여겨 그에 맞서 무기를 들고 일어났다. 그들은 선주민 지도자들이 폭력을 고조하는 상황을 만들었으니 더는 연설하지 말라고 요구했다.

푸에르토카베사스는 미스키토족의 중심지 가운데 가장 큰 곳이었다. 선주민 지도자들은 수도에서 산디니스타 정부 수뇌부와 합의한 사항에 따라 평화 협상 과정을 이야기하는 공개회의를 열어야 한다고 주장했다. 그러나 현지의 산디니스타 지도자들은 승인하지 않았다. 어떤 경우에는 귀환하는 선주민들에 대한 공개적인 폭력 대응을 교묘히 부추기기도 했다.

가장 중요한 회합 날이 다가오자 난국이 전개됐다. 미스키토족 지도자들은 공개회의를 열겠다고 했다. 산디니스타 지도자들은 그렇게 한다면 누구의 안전도 보장할 수 없다고 응답했다.

화해조정팀이 폭력 사태를 막으려고 밤낮없이 노력했으나 상황은 어쩔 수 없이 악화했다. 공개회의 시간이 정오로 잡혀 있었다. 화해조정팀은 그간의 노력에 보조를 맞추어, 우리가 나타나면 폭력이 일어날 가능성이 줄어들길 바라면서 그날 내내 선주민 지도자들과 함께 다니기로 했다.

회합 전날, 화해조정팀은 양측과 각각 식사하면서 제발 자제해 달라고 거듭 간청했다. 다음 날 아침, 숙소를 떠나기 전에 다 같이 모여 한 팀으로서 기도했다. 우리는 양측의 지도자들과 핵심 인사들, 친구인 사람들, 화가 나서 폭발 직전인 사람들의 이름을 하나하나 불러 가며 기도를 드렸다.

하지만 그러고 나서 얼마 되지 않아 최악의 시나리오가 전개되고 있음이 명백해졌다. 공개회의는 야구 경기장에서 열리기로 되어 있었다. 오전부터 사람들이 야구장으로 모여들었다. 이윽고 폭도들이 모습을 드러냈는데 곤봉과 쇠사슬, 마체테(정글칼)로 무장한 산디니스타 청년 무리였다. 그 자리에 선 연사들의 목소리는 성난 군중의 소음에 묻혀 거의 들리지 않았다.

모라비아 형제단 목회자 중 한 분이 기도로 모임을 시작하고 있는데 우리 뒤에서 '따다다다' 하고 기관총 소리가 났다. 혼란을 일으켜 회합을 방해하려는 속셈이었다. 마침내 연설이 끝나자 화해조정팀 중 몇 명이 선주민 지도자들의 집까지 동행했다. 나는 동료인 카를리토스Carlitos와 그곳에 남아 연사들의 무대로 사용한 트럭을 가지고 나올 작정이었다.

야구장 주변 길거리에서는 육탄전과 폭동이 발생했다. 우리가 경기장을 막 떠나려고 하는데 폭도들이 경기장 안으로 우르르 몰려왔다. 그들은 우리가 운동장을 나갈 수 있는 유일한 출구로 들어왔다. 그 혼란의 도가니에서 한 젊은 산디니스타 당원이 나를 가리키며 외쳤다. "저기 **미국놈**이 있다. 저놈 잡아라! 저놈!"

그 순간의 어떤 심상이 지금도 기억 속에 정지 화면으로 남아 있다. 군중이 보이고 그 속에 청년들의 얼굴이 보인다. 몇 명은 내가 알던 사람이다. 그들의 시선이 내게 쏠렸고 얼굴에는 광분한 기색이 역력했다. **나**는 외적이었다. **나**는 그들이 절대 건드리지 못할 적, 바로 미국을 대표했다. 수년 동안 그 적은 그들의 손이 미치지 않는 곳에 있었다. 그 적은 경제적 고난과 억압의 원인이었고 그들 원수에게 무기를 제공하는 장본인이었다. 그런데 그 적이 지금 그들의 손이 미치는 곳에 있었다.

나는 미국과 더불어, 그들이 결코 벗어날 수 없는 모든 고통을 대표했다. 그들의 눈에서 좌절의 세월, 사랑하는 이들을 잃은 세월, 사무친 원한으로 걷잡을 수 없는 분노를 일으키는 고통의 세월을 읽을 수 있었다.

이후의 일들은 순식간에 지나가는 희미한 기억으로 남아 있다. 우리는 트럭으로 뛰어올라 시동을 걸어 폭도들을 헤치고 유일한 출구를 향해 14미터쯤 나아갔다. 그사이 누군가가 먼저 벌목용 쇠사슬로 우리 트럭을 내리치는 바람에 유리창이 산산조각 나면서 우리 팔과 얼굴로 파편이 날아들었다. 몇 미터도 못 가 트럭 유리창이 하나도 남아나지 않았다.

여기저기서 돌이 빗발치는 가운데 내 어깨로 가로 5센티미터, 세로 10센티미터의 돌이 날아든 일, 뒤통수에 돌을 맞은 카를리토스의 뜨뜻한 피가 내 뺨에 튄 일이 아직도 생생하다. 기적적으로 의식을 잃지 않은 카를리토스가 사방에서 돌을 던지는 사람들을 헤치며 천천히 차를 몰았다.

몇 분 후, 우리는 지역 병원에 도착했다. 쿠바인 의사가 상처 부위를 깨끗이 소독하고 꿰매 주었다. 지금도 그 병원 대기실에 앉아 있었을 때가 기억난다. 사람들의 함성과 총소리에 내 눈과 몸에서 경련이 일어났다. 머릿속에는 한 가지 생각이 맴돌았다. '나를 안전한 곳으로 좀 데려다주세요.' 공포가 망상으로 바뀌었다.

대령

원수들이 하는 이 모든 일을 놓고 볼 때, 나만큼 의욕이 넘치고 선의를 가진 사람이 어떻게 내가 반대하는 일에 그토록 열심인지 이해가 가지 않았다. 양극화가 심화하는 환경에서 우리는 부도덕한 악의가 "그들" 쪽에 있다고 강조하는 경향이 있다. 우리는 우리 쪽의 선한 의도, 확실한 명분, "의로움" 외에는 어떤 것도 좀처럼 알아차리지 못한다. 나는 꽤 오랫동안 그런 착각 속에 살았다. 그러던 어느 날, 하나님께서는 내가 원수의 이미지를 얼마나 빨리 만들어 내는지 깨닫는 충격적인 경험을 하게 해 주셨다.

1987년 초, 니카라과와 국경을 접한 온두라스^{Honduras}에 출장을 갔다. 콘트라 전쟁^{Contra war}[니카라과의 산디니스타 혁명 정부에 맞서는 우익 반군 '콘트라'가 미국으로부터 무기와 자금을 몰래 지원받으며 벌인 전쟁(1979~1990) - 옮긴이]이 여전히 격렬한 상황이었다. 국경 근처 단리^{Danli}의 외딴 마을 외곽에서는 온두라스 메노나이트 형제자매들이 자기네 집에서 쫓겨나 있었다. 니카라과 반군이 그 지역을 점령해 군사 기지로 사용하면서 그런 불상사가 일어난 것이다. 니카라과 반군은 산디니스타 정부에 반대하는 세력이었다. 어떤 온두라스인들은 반군을 자유의 투사로 환영한 반면 어떤 이들은 반혁명 분자로 여겼다.

당시 온두라스 정부는 자국에 주둔하는 니카라과 무장군이 없다고 주장했다. 콘트라 전쟁은 엄청난 대가를 치르며 은밀히 벌어지고 있었다. 그때 나는 카먼^{Carmen}과 루크 슈록-허스트^{Luke Schrock-Hurst}와 같이 다녔는데 그 부부는 니카라과 반군에 집을 빼앗긴 가족들과 함께 일하고 있었다. 난민들의 얼굴에는 시간과 집, 가족을 잃은 고통이 역력히 드러났다. 그들은 자신의 자유와는 동떨어진 자유를 위한 전쟁의 희생자였다.

출장을 마친 나는 온두라스의 수도 테구시갈파^{Tegucigalpa}의 공항 안 커다란 유리창 앞에 서서 창밖의 활주로를 바라보고 있었다. 두 시간 일찍 탑승 수속을 마치고 출국장에 혼자 앉아 그날 출장에 대한 생각에 잠겼다. 바로 그때 그 대령을 처음 봤다.

당시 내 머릿속에는 한 젊은 온두라스인 엄마에게 들은 말이 맴돌고 있었다. 온두라스 정부는 자국에 군인들이 존재하지 않는다고 주장했지만, 군인들이 그 여자네 가족의 집을 점령한 상태였다. 나는 그 여자에게 "그 일을 어떻게 생각하세요?" 하고 물으며 뭔가 씁쓸한 답을 예상했다.

그러나 그 여자의 대답은 놀라웠다. "그 군인들을 생각하면 괴로워요. 너무 어렸거든요. 그들에겐 희망이 거의 없어요. 죽음밖에 모르니까요."

그 여자가 겪은 일이 잘 이해되지 않아 곰곰이 생각해 보려고 하는데 공항에 사이렌이 울렸다. 그러자 즉각적인 행동 개시가 있었다. 군인들이 활주로를 가로질러 헬리콥터 편대가 있는 곳으로 급히 달려갔다. 곧 헬기들이 천천히 떠올라 대열을 지어 니카라과와 국경을 접한 산 쪽으로 날아갔다. 창가에 서 있던 나는 모든 광경을 지켜볼 수 있었다. 이게 훈련일까, 실전일까, 궁금했다.

내가 조금 전까지 다니던 지역에 군용 헬기들이 금세 도착했을 텐데, 아마도 콘트라 무장군을 지원하러 갔을 것이다. 한 시간이 조금 안 되어 헬기들이 돌아오기 시작했다. 한 대씩 차례로 산마루 위를 지나 낮게 날아와서는 지상에서 1미터가 좀 넘는 상공에 떠 있었다. 그중 한 대가 공항 터미널로 곧장 날아왔다. 헬리콥터의 날개바람 때문에 내가 서 있는 지점에서 얼마 떨어지지 않은 곳의 문이 쾅

하고 닫혔다. 소음으로 귀가 먹먹했다.

헬리콥터가 창문에서 불과 몇 미터 떨어진 곳에 착륙하는 바람에 헬기 조종사를 볼 수 있었다. 긴장한 얼굴이었는데 어두운 레이밴 선글라스에 가려 눈이 보이지 않았다. 헬기 옆문이 열리고 탑승객 한 명이 뛰어내렸다. 민간인 복장에 작은 더플백을 들고 있었다.

그 승객은 공항 터미널 문으로 달려가 세관원들과 농담을 몇 마디 주고받더니 세관 탁자를 훌쩍 뛰어넘었다. 그 순간 내가 자리에 앉았는데, 그가 내 옆으로 와 앉았다. 그는 미국인이었다. 하지만 세금을 내지도 않았고 여권이나 비행기표도 보여 주지 않았다.

그가 타고 온 헬기의 온두라스인 조종사는 헬기를 몰아 활주로 건너편의 편대로 합류했다. 한 시간쯤 지나 그 미국인 승객은 산살바도르San Salvador행 비행기를 타고 떠났다.

내가 탈 비행기는 뉴올리언스에서 오는데 연착할 예정이었다. 비행기를 기다리면서 주위를 관찰하는 동안 주변 좌석이 서서히 승객들로 채워졌다. 트럭 한 대가 창문을 지나 멈춰 서더니 온두라스인 장교 한 명이 트럭에서 내렸다. 장교는 쑥색 점프 슈트 차림에 검정 부츠를 신고 어두운 선글라스를 끼고 있었다. 유리창 바로 옆으로 지나가는 모습을 보고서 그가 아까 본 헬기 조종사인 것을 알았다. 근육질의 거구여서 옷이 터질 것 같았다.

완전히 람보였다! 이 남자는 누구일까? 자신이 하는 일이 옳다고 믿을까? 좀 전에 국경에서 무슨 짓을 한 걸까? 누구의 목숨을 앗았

5_갈등이 불붙어 도움을 외쳐야 할 때: 시편

을까? 아까 단리에서 본 장면들이 머릿속을 스쳤다.

그 남자가 들어오자 세관원들이 웃으며 **"우리 대령님"**이라고 불렀다. 그는 그들과 잠시 이야기를 나누고는 다시 문밖으로 나가 미국에서 오는 비행기를 기다리며 서 있었다. 내가 타려는 코스타리카행 비행기와 같은 항공편이었다.

이내 비행기가 터미널에 멈춰 섰다. 도착한 승객들이 창가를 지나 입국 심사장과 세관을 향해 줄지어 가고 있었고 나는 탑승을 기다렸다. 대령은 그 비행기에 탄 누군가를 기다리고 있었다.

'이것 참 흥미롭네.' 하는 생각이 들었다. '**우리 대령님**, 이번엔 누굴 태우려고 하시나? 이번엔 자유를 위해 어떤 용병을 호위하시려나?' 곧 이루어질 만남을 지켜보려고 자리를 잡는데, 평화주의자인 내 마음속에 의로운 경멸감이 솟았다. 대체 대령의 마음속에는 어떤 비밀이 있는가? 누구와 접선하려고 하나? 이것이야말로 사악한 전쟁의 민낯이 아닌가? 미군과 온두라스군이 작당해 니카라과 사람들을 억압하다니!

대령은 동지를 만나러 비행기로 다가갔다. 어느 순간 시야에서 사라지더니 잠시 후 모습을 드러냈다. 대령은 열 살쯤 돼 보이는 소녀를 한 팔로 감싸고 있었다. 금속 보조기가 소녀의 가느다란 두 다리를 지탱하고 있었다. 소녀는 웃으며 손을 흔드는 동시에 걸으려고 애를 썼다.

근육질의 대령은 안간힘을 쓰는 소녀에게 집중하고 있는 것 같았다. 그는 소녀를 도와줄 방법을 찾으려 애썼다. 먼저 한 손으로 소녀의 손을 잡은 다음, 다른 팔로 소녀의 등을 어설프게 받쳐 주었다.

둘은 내 앞의 유리창을 지나 천천히 나아갔다. 대령이 선글라스를 벗고는 창 너머로 잠시 나를 쳐다봤다. 우리 둘의 눈이 마주쳤다. 나는 그의 모습에 깜짝 놀랐다. 대령은 나와 다를 바 없는 아버지였다! 기가 막힌 통찰을 주는 상징적인 순간이었다.

나는 지금까지도 대령의 그 모습을 마음에 품고 다닌다. 그 순간에 벌어진 일을 이해하고 그 사건에서 배우려고 노력한다. 대령과는 말 한마디 나누지 않았다. 악수한 적도 없다. 그가 누군지, 전쟁에 어떻게 관여했는지도 알지 못한다. 그러나 그 짧은 시간에 내가 원수의 이미지를 만들었다는 사실만큼은 확실히 안다.

사회적 조건형성부터 생생한 물리적 위협에 이르기까지 나머지 요인은 몽땅 제쳐두자. 원수는 우리 마음에 뿌리를 내리고 만들어지며 다른 사람들이 그 구축 과정에 함께 할 때 사회적 중요성을 띤다. 나는 원수가 만들어지는 데 결정적인 일련의 단계가 존재한다는 사실을 경험으로 배웠다. 각 단계가 대령의 이야기와 결부돼 있다.

자신이 증오하는 대상에 주의하기

여기에 화해의 모순이 또 하나 존재한다. 우리는 타인과 타집단에 대한 비판이나 우월감에서 나오지 않는 긍정적인 자기 정체성과 집단 정체성을 키우는 법을 배워야 한다.

기독교계에서는 죄를 미워하되 죄인은 사랑해야 한다고 주장한다. 나는 이 말이 표면에 드러나는 것보다 훨씬 복잡하다고 믿는다. 거기에는 자기기만과 우월감이라는 복잡한 과시적 요소가 가득하다. 나는 이렇게 말하는 편이 더 정직하다는 것을 깨달았다. "네가 증오하는 대상을 조심해. 그가 눈가리개처럼 네 눈을 가릴 테니까. 먼저 타인에게서 보이는 네 모습을 찾아봐. 죄인들을 사랑하면 그들에게서 너 자신이 보여. 그리고 거기에서 하나님을 발견하게 되지."

대령과의 만남은 내면의 성지이자, 화해로 가는 내 여정에서 이정표가 세워진 곳이었다. 그날 테구시갈파 공항 밖에서 하나님은 불타는 떨기나무 가운데 계셨다. 그 만남은 지금도 나를 뒤흔드는 힘이 있다. 내 일의 두려움을 깨달은 사건이었다.

○   **원수는 어떻게 만들어지는가**

1. **자신과 대상을 분리한다:** 원수의 이미지는 이렇게 만들어진다. 맨 먼저, 자신을 다른 사람과 '분리'한다. 마음 깊은 곳에서 그 사람과의 동일성이 아니라 부정적으로 인식하는 차이점을 찾기 시작한다. 그가 틀렸고 내게 위협적인 존재라는 투사와 부정적인 판단을 덧붙인다. 나는 누구인가, 무엇을 믿는가와 같은 자신에 관한

질문을 내면에 숨기고, 자세히 살펴보지 않고, 인식하지 않는다. 그 원수는 자아관, 자기 정체성과 교묘하면서도 긴밀하게 연결되어 있다. 내가 누구인지는 내가 어떤 사람이 아닌지로 정의된다. 적대감은 다른 사람에 대한 부정적인 투사에 기반을 둔 자기 인식에서 비롯된다. 그래서 상대방은 전적으로 나쁘고 자기는 완전히 선하다고 상상하는 것이다.

2. 자신이 우월하다고 여긴다: 두 번째 양상은 첫 번째 양상인 분리와 맞물려 있다. 자신이 우월하다고 여기는 것이다. 우월감은 예수가 자신을 비웠던 예에서 보이는 것과 정반대의 특성을 띤다.(빌 2:7) 예수는 하나님의 모습을 갖추었어도 자신의 지위를 우월하다고 여기지 않았다. 오히려 자신을 낮춰 보통 사람의 모습, 심지어 노예의 모습을 취했다. 달리 말하면 예수는 타인처럼 됨으로써 연민을 일으키려 했다. 타인과의 동일성을 인식하고 받아들였다. 그래서 상대방에게서 자신을 볼 수 있었다. 그리고 섬기는 자가 되기로 했다. 우월하다는 느낌은 자신이 상대방과 다를 뿐만 아니라 그보다 낫다고 믿는 것이다. 그것은 성육신 이야기를 거스르는 꼴이다. 보통 사람의 모습으로 다른 이들과 다를 바 없는데도 자신을 높이고 하나님의 자리를 차지하는 것이다. 이처럼 우리가 타인과 똑같다는 사실을 잊어버리고 우월감을 느낄 때 원수가 만들어진다.

3. 상대방을 비인간화한다: 세 번째, 분리와 우월감은 상대방의 비인간화로 이어진다. 비인간화는 사람에게서 인간성을 박탈할 때 이루어진다. 그것은 하나님의 형상대로 창조된 모습을 빼앗는 행위다. 그 사람의 얼굴에서 하나님을 보지 않는 것이다. 그에게서 더는 '신성'을 보지 않는 것이다. 이렇게 상대방을 비인간화하는 동시에, 그에게서 하나님의 형상을 부정한다는 의미로 '비신성화de-Godize'하면서 원수가 만들어진다.

대령을 만난 그 짧은 순간 **내가 보인 행동**에 원수가 만들어지는 요소와 역학이 담겨 있었다. 나는 나 자신을 그와 분리했고, 내가 도덕적으로 우월하다고 여겼으며,

나를 의로운 사람이라고 확신했다. 나 자신을 선한 사람이라 생각하면서 그를 악한 사람으로 보았다. 평화를 일구는 사람이라는 내 정체성이 확고해지는 만큼 그를 나와 정반대인 전쟁 도발자로 규정했다. 그는 나보다 못한 존재였다. 나는 도덕적으로 그보다 우위에 있었다.

그런데 예상치 않게 인간의 동일성과 하나님을 재인식하자 내 기반이 흔들렸다. 대령에게서 나 자신을 본 것이다. 하나님이 주신 놀라운 충격이었다. 나는 대령과 다를 바 없는 똑같은 사람이었다.

나는 지금까지 폭력의 희생자들은 물론 폭력을 일으키는 자들과도 같이 지내고 대화했다. 유죄가 인정된 테러리스트들, 다른 이들을 고문한 사람들과 악수한 적도 있다. 권력을 추구하고 무자비해 보이는 군 지도자들과도 한자리에 앉았다. 불의에 맞서 큰소리를 내고 자신의 대의명분을 지키기 위해 무기를 든 자유 투사들이 들려주는 이야기에도 귀를 기울였다. 하지만 가장 무서웠던 것은 내가 그들과 얼마나 다른가가 아니라 오히려 그 한 사람 한 사람에게서 어떻게 나를 조금이라도 보고 느낄 수 있을까 하는 점이었다.

나는 평화를 세우는 일을 하러 떠날 때마다 마음속에서 대령을 떠올리고 모든 사람 안에 존재하시는 하나님을 찾으려 한다. 그것을 이해하기는 쉬워 보일지 모르나 막상 실천하기는 어렵다는 사실을 깨닫는다. 그래도 내게는 이런 신념이 있다. '내가 타인에게서 신성을 찾고 발견한다면 원수를 만들지 못한다.'

평화를 세우고자 할 때 나는 원수들을 한자리에 모이게 해 평화와 화해의 실행에 나선다. 대령과의 만남을 생각하면 혹독한 교훈이 하나 떠오른다. 내가 원수를 쉽고 빠르게 만들어 낼 수 있다는 사실이다.

시편 저자의 절규

1년도 안 되어 다양한 위험에 직면했다. 나는 공산주의 산디니스타 간첩으로 기소되었다. 내 딸을 해치겠다는 위협을 받았다. 나를 암살하겠다는 협박도 수차례 받았다. 미국 중앙정보국의 개라는 소리도 들었다. 여기저기서 돌을 맞고 있었다. 하지만 지금으로부터 25년도 더 전인 그때의 경험 덕분에 사람들이 폭력에서 벗어나려 할 때 얼마나 큰 위험을 느끼는지 이해할 수 있었다. 그곳이 북아일랜드의 감옥이든, 민병民兵들이 통행 차량을 세우는 소말리아의 모가디슈Mogadishu든, 전쟁으로 남편을 잃은 여인들이 사는 네팔의 외딴 마을이든 간에 말이다.

전쟁을 겪는 이들이 피해망상적이고 의심하는 태도를 보여도 더는 의문을 품지 않는다. 이젠 모든 말의 숨은 의미를 찾고 모든 사람을 잠재적인 위험으로 여기며 두려워하는 마음의 광기를 안다.

한 무리의 사람이 다른 무리를 보면서 어떻게 자신들의 생존을

5_갈등이 불붙어 도움을 외쳐야 할 때: 시편

위협한다고 여길 수 있는지 의아해하지 않는다. 억울하게 기소되고, 체포되고, 심문받는 게 어떤 느낌인지 안다.

증오로 흘러가는 분노가 존재한다는 사실을 더는 의심하지 않는다. 가슴에서 올라오는 그런 분노를 직접 경험해 보니 일단 분노가 솟으면 그 흐름을 막기가 참으로 쉽지 않다. 내가 그런 증오의 대상이 되어 보았기에 아무리 이성적으로 논쟁해도 고통과 고난에 뿌리를 내린 확고한 인식은 바뀌지 않을 것이다.

시편 저자의 적의에 찬 강도 높은 표현을 들어도 더는 그 말을 일축하지 않는다. 오히려 이 지구촌의 수많은 상황에서 분노에 찬 가슴에서 흘러나오는 절규에 마음이 간다. 그래도 마땅한 의분을 한층 깊이 신뢰하게 되었다.

나는 지구상의 너무나 많은 곳에서 격랑에 휩쓸려 시편 저자와 같은 절규가 터져 나오는 현실을 보고 느꼈다. 화해는 이성적인 담론의 장에서도 찾을 수 없고 사람들이 자신의 고통을 묻어 버리고 기억하지 않는 곳에서도 찾을 수 없다. 화해하려면 폭력을 생생히 경험하면서 느끼는 고통과 두려움, 괴로움을 인정하고, 존중하고, 함께하는 도전이 필요하다.

화해는 마치 아무 일도 없었던 것처럼 혹은 일종의 기억상실증을 타고난 것처럼 금방 잊고 용서하는 행위가 아니다. 화해하려면 **'기억'하고 '변화'해야** 하되, 우리가 두려워하는 상대방의 인간성에 대한 호기심과 경험에 솔직해야 한다. 그러므로 완전히 화해하기란 어렵다. 나는 화해가 험난한 폭력 지대를 지나 정의와 구원을 추구하는 이들의 생생한 경험과 상실의 심연에 닿을 때 이루어진다고 확신한다.

진실, 자비, 정의, 평화: 시편 85편

지금까지 내 일의 대부분은 전쟁으로 피폐해진 국가들의 평화를 위해 지역적 노력을 지원하는 데 집중되었다. 그 시간은 줄곧 형제자매들과 우리가 함께한 경험에서 치열하게 배우는 계기가 됐다. 내가 좀 더 학문적인 갈등 해결 훈련을 받았을는지는 모르나 전쟁 지역의 동료들은 오랜 세월 어려운 환경에서도 평화를 세우면서 단절된 관계와 깊은 고통의 바다에서 힘겹게 나아가고 있었다.

　나는 경험을 통해 많은 선물을 받았다. 가장 중요한 선물은 새로운 시각이다. 나는 잠깐이나마 주변을 새로운 방식으로 바라볼 수 있었다. 타인의 눈으로 갈등 해결을 넘어 화해로 나아가는 모습을 보는 것이다.

　나는 전쟁 지역에서 동료들이 자신의 삶에 다가가고 도전을 마주하는 모습을 보며 화해를 이해한다. 그들은 특정한 사안을 해결하거나 어떤 협상 모델을 회담에 적용하는 일을 주요 임무로 보지 않는다. 자신들을 다양한 관계의 집합에 포함된 사람이라고 상상한다. 대부분의 경우, 친구였다가 원수가 되어 평생 가는 관계다.

그 동료들은 우선 믿음을 기반으로 한 소명에 정직하려고 노력하고 갈등 관계에서 필요한 것을 찾으려고 애쓴다. 리더는 목회자와 지원자 역할을 하다가도 금세 권고자와 예언자의 자세를 취할 수 있는 사람이다. 동료들은 원수들의 손을 잡고 함께 기도했다. 비행기편을 마련하고 식사를 계획했다. 이처럼 평화 활동 리더는 협정을 끌어내려고 교섭하는 중재 전문가라기보다는 집안싸움을 수습하는 맏이와 비슷할 때가 잦다. 화해란 찢어진 관계망을 회복하고 치유하는 일이기 때문이다.

진실 자매와 자비 형제

1980년대에 니카라과에 출장을 갔을 때 우리 화해조정팀은 회의를 시작하고 진행해 달라는 요청을 많이 받았다. 마나과에서의 모든 공식적인 협상은 기도와 성경 구절 읽기로 시작했다. 니카라과 동해안 지역의 강변에 있는 여러 마을에서 열린 모임에서도 마찬가지로 진행됐다.

대부분의 모임에서 누군가가 시편 85편 전체를 읽었다. 이 시적인 구절에서 저자는 주님께 회복과 자비를 구하며 애원한다. 이 시편은 추방당한 민족이 자기네 땅으로 돌아가려고 애쓰면서 주님의 은혜를 간구하는 상황에서 나왔다. 평화, 정의, 안녕에 대한 간청이다. 10절을 보면 네 개의 목소리가 불려 나오며 풍성한 이미지를 만들어 낸다.

나는 영어 번역과는 다른 스페인어 번역으로 이 시편을 수차례 들었다. 스페인어 번역본은 킹 제임스 버전에 가깝지만 말이다. 내 관심을 끈 시편 85편 10절을 직역하면 다음과 같다.

진실과 자비가 함께 만났고
정의와 평화가 서로 입 맞췄다.

이 짧은 두 줄에 중요한 개념 네 가지와 강력한 역설 두 가지가 들어 있다. 평화가 간헐적으로 전개되는 과정을 지켜보면서 내 머릿속에 이 개념들이 계속 아른거렸다. 나는 시편 저자가 그 개념을 마치 살아 있는 것처럼 대하는 모습을 처음으로 알아차렸다. 니카라과에서 벌어지는 전쟁에서 그런 목소리를 들을 수 있었다. 사실 모든 갈등에서 그 목소리가 들렸다. 진실, 자비, 정의, 평화는 단지 관념에 그치지 않았다. 그것들은 사람이 되어 말할 수 있었다.

나는 갈등 해결 훈련 워크숍을 진행하면서 그 네 명의 공동체를 불러내기 시작했다. 우선 니카라과의 지역 평화위원회에서 일하는 공동체 지도자들, 목사들과 함께 작은 실험을 해 보았다. 영감을 주는 이 평화 조정자들은 자신의 목숨이 위태로울 수 있는데도 지역 차원의 조정에 관여하며 마을에서 전쟁 중인 두 진영을 화해시키는 일을 하고 있었다. 그들은 공동체를 재건하고 알려지지 않은 평화 이야기의 주역을 맡은 이름 없는 영웅이었다.

나는 워크숍에서 공동체 지도자들, 목사들을 진실, 자비, 정의, 평화로 지정한 네 개의 소그룹으로 나누었다. 그리고 그룹별로 그 개념을 의인화해 이런 질문을 해 보라고 했다. "갈등이 한창일 때 진실(또는 자비, 정의, 평화)은 무엇을 가장 염려할까요?"

그러고 나서 각 그룹에서 지정된 인물을 연기할 사람을 선정했다. 나는 참가자들 앞에서 각 역할 수행자들을 인터뷰하며 그들에게 1인칭으로 대답해 달라고 당부했다. 나는 그들에게 '진실 자매님'이나 '자비 형제님' 같은 호칭을 쓰며 말을 걸었다. 그러면 그들은 "저는 정의입니다. 제가 걱정하는 건…."이라고 대답했다. 그다음 단계에서는 토론회를 열어 네 인물 간의 작은 중재 회의를 진행했다.

다양한 상황을 놓고 다양한 이들과 수년간 연습을 반복했다. 결과는 매번 다르다. 사람들의 경험과 염려에서 독특한 통찰이 놀랍도록 다양하게 나온다. 나는 이를 충분히 이해하는 방법의 일환으로 연극이나 예전禮典으로 각색할 수 있는 이야기를 썼다.°

° 한 편의 짧은 드라마로 활용할 수 있는 이 이야기의 한 버전이 223~231쪽에 나와 있다.

만남

나는 다루기 힘든 갈등의 한가운데서 무척 괴로워하며 진실과 자비, 정의, 평화에게 호소하는 발언을 계속 듣고 있었다. 논쟁과 공격은 끝날 줄을 몰랐다. 그래서 결국 나는 이 끔찍한 싸움을 벌이는 사람들에게 한 가지 제안을 했다. "네 친구를 이 자리에 초청해 갈등에 대한 그들의 견해를 밝히고 공개 토론을 해 보라고 하면 어떨까요?"

자기가 옳다는 입장을 고수하던 참가자들은 황당한 생각이라는 듯 어안이 벙벙한 얼굴로 나를 쳐다봤다. 나는 개의치 않고 생각을 밀고 나갔다. "저는 그 친구들이 다른 싸움에도 들락날락하는 걸 본 적이 있어요. 제가 그들에게 몇 가지를 한번 정리해 달라고 요청할게요."

반대하는 사람이 없었기에 나는 진실, 자비, 정의, 평화를 우리 방으로 데려와 서로 적대적인 군중 앞에 앉혔다. 나는 네 친구에게 말을 건넸다. "갈등이 한창일 때 여러분은 각자 무엇을 염려하는지 알고 싶습니다. 견해를 좀 들려주시겠어요?"

진실이 일어나 먼저 말했다. "저는 진실입니다. 저는 빛과 같아서 모두가 볼 수 있도록 비춰 주죠. 갈등이 있을 땐 실제로 무슨 일이 일어났는지 공공연하게 드러내 보여 주고 싶어요. 물을 타서 약하게 하지 않고, 일부만 설명하지도 않고요. 저를 보좌해 주는 것이 투명, 정직, 명료입니다." 진실은 자비와 정의, 평화를 손으로 가리키며 말을 이었다. "저는 여기 세 동료와 구별됩니다. 이들이 저를 제일 먼저 필요로 하니까요. 제가 없다면 이들은 앞으로 나아갈 수 없어요. 저를 찾았을 때 사람들은 자유로워지죠."

나는 진실 자매의 진정성에 의문을 제기하는 것으로 보이지 않기를 바라며 머뭇머뭇 끼어들었다. "진실 자매님, 아시다시피 저는 분쟁 지역을 많이 다녔습니다. 그런데 늘 궁금한 게 하나 있어요. 제가 어느 한쪽, 가령 이쪽에 계신 분들과 이야기해 보면 이분들은 자매님이 자신들과 함께 있다고 해요. 하지만 제가 상대편, 가령 저쪽에 계신 분들과 이야기를 해 보면 저분들은 자매님이 **자기네** 편이라고 주장하죠. 이 모든 고통의 한가운데서 보면 자매님은 왔다 갔다 하는 것 같은데요. 이런 상황에서 진실이 단 하나일까요?"

"진실은 오직 하나뿐입니다. 하지만 다양한 방식으로 경험할 수 있죠. 저는 개개인 안에 존재하지만 아무도 저를 소유할 수는 없어요."

"자매님을 발견하는 게 그토록 중요하다면 말인데요, 자매님을 찾는 일이 왜 그렇게 힘들죠?" 내가 진실 자매에게 물었다.

진실은 잠시 생각하더니 이렇게 대답했다. "저는 순수하게 진정으로 저를 찾는 곳에만 나타날 수 있어요. 저에 대해 아는 바를 나눌 때, 서로의 발언을 존중할 때만 앞으로 나온답니다. 어린이 손 인형극의 인형처럼 다른 이들 앞에서 거들먹거리는 모습으로 보이게 되면, 저는 악용돼 산산조각 나서 사라져요."

나는 진실 자매 주변에 앉아 있는 세 동료를 가리키며 물었다. "이 세 친구 중에 누가 제일 무서우세요?"

진실은 주저 없이 자비를 가리키며 나직이 말했다. "저는 자비가 무서워요. 자비가 서둘러 치유하려 드니 저의 빛이 가리고 명료함이 흐려지거든요. 자비는 용서가 혼자만의 자녀가 아니라 **우리**의 자녀란 사실을 잊고 있어요."

나는 다음 차례로 자비에게 말했다. "자비 형제님도 하고 싶은 말씀이 분명 있으실 것 같은데요. 형제님은 어떤 걱정을 하시나요?"

자비가 자리에서 천천히 일어나 말했다. "저는 자비입니다." 자비는 자기가 넷 가운데서 누구보다 철저히 조사받으리란 걸 안다는 듯, 항변하려는 눈치였다. "저는 새로운 시작이에요. 저는 사람들과 그들의 관계에 신경을 씁니다. 수용, 연민, 지지가 저와 결속돼 있죠. 저는 인간이 깨지기 쉬운 존재란 걸 알아요. 세상에 완벽한 사람이 있나요?"

자비는 몸을 돌려 진실을 쳐다보면서 말을 이었다. "진실은 자신의 빛이 명료하게 해 준다는 걸 알아요. 하지만 그 빛이 눈을 멀게 하고 화상을 입히는 일이 다반사죠. 인간관계와 삶이 없다면 무슨 자유가 있겠어요? 용서가 우리의 자녀인 건 확실하지만, 사람들이 불완전하고 나약하다는 이유로 무례하게 모욕당하고 괴로워할 때는 아니죠. 우리 자녀인 용서는 치유하기 위해 태어난 아이예요."

이 대목에서 나는 다급히 질문하지 않고는 배길 수 없었다. "하지만 자비 형제님, 급하게 수용하고 지지하며 앞으로 나아가면 아이가 유산되지 않을까요?"

자비가 재빨리 대답했다. "저는 진실의 빛을 가리지 않아요. 이걸 이해하셔야 합니다. 저는 자비예요. 삶 자체를 지탱하는 변함없는 사랑으로 빚어진 존재죠. 제 삶의 목적은 새로운 시작이라는 영원한 은총을 제시하는 일이랍니다."

"그럼, 자비 형제님은 누구를 가장 무서워하시나요?" 내가 물었다.

자비는 몸을 돌려 정의를 바라보며 또렷이 말했다. "정의 형제입니다. 정의는 변화시키고 일을 바로잡으려고 서두르다 보니 자신의 뿌리가 실제 사람들과 인간관계에 있다는 사실을 잊어버려요."

"그럼, 정의 형제님, 여기에 뭐라고 답변하시겠어요?" 내가 물었다.

정의가 일어서면서 대답했다. "저는 정의입니다." 힘찬 목소리에 활짝 웃는 얼굴이었다. "자비의 말이 맞아요. 제 관심사는 일을 바로잡는 것입니다. 저는 겉으로 드러나는 싸움의 수면 아래와 그 쟁점의 이면을 보는 사람이라고 스스로 생각해요. 갈등의 뿌리는 대개 불평등, 탐욕, 악행과 얽혀 있거든요."

"저는 진실과 결속돼 있어요. 진실이 빛을 비춰 악행의 경로를 드러내기 때문이죠. 제 임무는 희생자와 핍박받는 이들이 입은 피해를 복구하는 조치가 이루어지게 하는 것입니다. 물론 관계도 회복해야죠. 그러나 그것을 깨뜨린 원인을 인정하고 시정하는 일이 선행되지 않으면 관계는 절대 회복되지 않습니다."

내 머릿속에서 자꾸만 고개를 쳐드는 의문이 하나 있어서 나는 그것을 물어봐야 했다. "하지만 정의 형제님, 이 방에 있는 사람 모두가 자신이 억울한 일을 당한 적이 있다고 생각합니다. 대부분은 형제님이 시키는 대로 한다면서 자기 행동을 정당화하죠. 심지어 폭력적인 행동까지 말이에요. 실제로 그렇지 않나요?"

"사실, 그래요. 대부분의 사람들은 이해하지 못해요." 정의는 이렇게 대답하고는 잠시 생각에 잠겼다가 말을 이었다.

"아시다시피 저는 책임에 무척 신경을 씁니다. 우리는 뭐든지 받아들일 수 있다고 종종 생각해요. 진실하고 헌신적인 관계에는 정직한 책임감과 변함없는 사랑이 있어요. 책임감 없는 사랑은 말뿐이에요. 책임감 있는 사랑이란 변화된 행동입니다. 이거야말로 진정한 의미의 회복이죠. 말한 대로 행동하고 책임지게 하는 것이 제 목적입니다."

"그럼, 정의 형제님은 누구를 무서워하세요?" 내가 물었다.

"제 아이들이요." 정의는 오랜 세월의 경험을 떠올리며 낄낄거렸다. "저는 제 아이인 자비와 평화가 무서워요. 걔들은 자기가 부모라고 생각하지 뭐예요." 정의의 목소리에는 은근히 도발하는 느낌이 있었다. "하지만 사실 그들은 제 노력의 결실입니다."

평화가 환한 웃음을 터뜨렸다. 내가 말하기도 전에 앞으로 걸어나와 말문을 열었다. "저는 평화예요. 앞서 발언한 세 분의 말씀에 동의합니다. 저는 그분들이 낳은 아이이자, 그분들에게 생명을 주

상상의 나래를 펴자!
책으로 꿈꾸는 생각의 혁명!

생각비행에서 만든 책들

이메일 | ideas0419@hanmail.net
블로그 | www.ideas0419.com
전화 | 02-3141-0485
팩스 | 02-3141-0486
주소 | 서울시 마포구 월드컵북로 132, 402호

생각비행

우리가 잘 몰랐던 동물의 비밀

생각하고 느끼는 동물들

신기하고 재미있는 동물행동학

카르스텐 브렌징 글 | 니콜라이 렝거 그림
정일주 옮김

행동생물학자 카르스텐 브렌징이 알면 알
수록 빠져드는 동물행동학의 세계로 안내
합니다. 동물의 기억력은 어느 정도일까
요? 동물에게 자의식이 있을까요? 동물
도 사투리로 대화할까요? 그동안 잘 몰랐
던 신기한 동물들의 진짜 세계를 탐구하
러 함께 여행을 떠나요!

우리가 잘 몰랐던 동물의 언어

말하고 소통하는 동물들

신기하고 재미있는 동물행동학

카르스텐 브렌징 글 | 니콜라이 렝거 그림
정일주 옮김

우리는 동물을 이해할 수 있을까요? 동
물의 언어를 어떻게 연구할까요? 우리는
동물과 대화할 수 있을까요? 행동생물학
자 카르스텐 브렌징이 '소통'과 관련된 다
양한 정보와 흥미로운 이야기를 풀어냅니
다. 신기한 동물들의 진짜 세계를 탐구하
러 함께 여행을 떠나요!

려고 노력하는 어머니이며, 그분들과 동행하는 배우자이기도 하죠. 저는 안전과 존중과 안녕을 장려하면서 공동체를 단결시킨답니다."

진실과 정의가 곧바로 항의했다. 진실이 실망한 투로 말했다. "바로 그게 문제예요. 당신은 스스로 우리 셋보다 크고 훌륭하다고 여기죠."

정의가 평화를 손가락으로 가리키며 외쳤다. "건방지네요! 본인이 있어야 할 곳에 있지 않잖아요. 당신은 우리를 따라와야지, 앞서가면 안 돼요."

평화가 대답했다. "정의 형제님과 진실 자매님, 맞아요. 저는 두 분을 통해 그리고 두 분의 뒤에서 더 온전히 드러납니다. 하지만 제가 없으면 진실을 들을 여지가 없는 것 또한 사실이죠."

평화가 정의 쪽으로 몸을 돌리며 말했다. "그리고 제가 없으면 비난, 괴로움, 유혈 사태의 악순환에서 벗어날 도리가 없어요. 제가 존재하지 않으면 형제님의 정의가 온전히 구현되지 않아요. 저는 앞에도 있고 뒤에도 있어요. 제게 도달할 다른 방도는 없어요. 저 자신이 길이니까요."

잠시 침묵이 흘렀다.

"그럼, 평화 자매님은 누구를 무서워하세요?" 내가 물었다.

"누구가 아니라 무엇과 언제가 문제죠." 평화는 이렇게 대답하고는 말을 이어갔다. "저는 조종을 두려워해요. 본인의 목적을 위해 진실 자매님을 이용하는 사람들의 조종이 두려워요. 어떤 이들은 진실을 무시하고, 어떤 이들은 진실을 채찍으로 사용하죠. 진실을 소유하고 있다고 주장하는 사람들도 있어요. 저는 정의 형제님이 자비 형제님을 위해 희생될 때도 두려워요. 어떤 사람들이 정의 형제님의 이상에 도달하려고 애쓰면서 목숨 자체를 희생하려 할 때 그 맹목적인 조종이 두렵습니다. 그런 속임수가 발생하면 저는 능욕당하고 빈껍데기만 남아요."

나는 네 사람에게 눈길을 주며 물었다. "어떻게 해야 네 분이 만날 수 있을까요? 서로에게 필요한 것은 무엇일까요?"

진실이 먼저 자비를 바라보며 말했다. "자비 형제님, 속도를 늦추셔야 해요. 제가 드러날 기회를 주세요. 우리의 아이는 어머니 몸 속에서 천천히 크지 않으면 태어날 수 없어요."

자비가 고개를 끄덕였다. "사랑하는 진실 자매님, 자매님은 밝게 빛나세요. 하지만 제발 우리 눈을 멀게 하거나 화상을 입히지는 마세요. 모든 사람이 하나님의 자녀라는 사실을 기억해 주세요. 개개인은 나약한 존재이고 지지를 받아야 성장할 수 있답니다."

정의가 말하고 싶어서 안달이었다. "평화 자매님의 말씀을 들으면서 어느 정도 안심했습니다만, 자매님이 책임과 행동에 자리를 내주겠다는 확실한 성명이 필요합니다. 미가가 우리에게 "자비를 사랑하고 정의를 행하라"라고 말한 걸 기억해 주세요. 평화 자매님은 제가 앞으로 나아갈 여지를 허용해 주셔야 합니다. 그러지 않으면 자매님은 유산될 거예요."

정의의 말이 끝나자마자 평화가 응답했다. "정의 형제님, 우리가 서로 필요하다는 걸 인정하면 우리는 입 맞출 수 있을 거예요. 형제님의 연민 어린 마음이 목적 없이 사나워지는 괴로움에 빠져들지 않게 해 주세요. 저는 형제님이 일하고 결실을 볼 토양을 제공할게요."

넷이 아주 가까이 둥글게 모였다. 내가 물었다. "그럼, 여러분이 함께 서 있는 이곳을 뭐라고 부를까요?"

그들은 합심하여 한목소리로 대답했다. "이곳은 **화해**입니다."

그러고 나서 넷은 갑자기 아무런 신호도 없이 서로의 손을 잡고 춤을 췄다. 그 춤은 대단히 보기 드문 광경이었다. 마치 메이폴 Maypole(5월제의 기둥. 꽃 따위로 장식하고 꼭대기에서 색색의 긴 리본을 늘어뜨린 형태로, 사람들이 리본을 하나씩 쥐고 기둥 둘레를 돌면서 춤을 춤 –옮긴이) 둘레의 리본과 몸이 한데 엮이는 듯했다. 그들이 방을 빙글빙글 도는 동안 누가 누군지 구별할 수 없었다. 어떠한 말도 없었다. 풍악도 울리지 않았다. 진실, 자비, 정의, 평화의 몸이 한데 엮여 짜인 형상만 보일 뿐이었다.

모두가 말할 수 있는 공간

나는 니카라과에서 얻은 경험과 더불어 시편 85편의 묵상과 실험으로 화해에 대한 중요한 통찰을 얻었다. 앞서 소개한 야곱과 에서의

119

이야기도 그렇듯, 시편 85편은 화해야말로 우리가 떠나야 하는 여행이자, 우리가 도달하려고 하는 장소이며, 그 과정에서 발생하는 다양한 만남이라는 사실을 이해하도록 돕는다.

시편 저자는 화해가 **장소**, 즉 만남의 공간이라는 개념에 대해 새롭고 깊은 통찰을 제공한다. 이 이야기들로 우리는 자신과 타인, 하나님을 만나는 장소로서 화해의 의미를 살펴보고 있다. 시편 85편은 서로 달라도 의지하는 사회적 에너지와 염려가 한데 모여 목소리를 얻는 역동적인 사회적 공간으로서 화해의 면모를 보여 준다.

화해는 우리에게 진실, 자비, 정의, 평화가 실제로 만나서 밤새 분투한 야곱처럼 문제와 씨름할 수 있는 **역동적인 사회적 공간**을 만들어야 한다는 일차적 실천 과제를 던져 준다. 따라서 우리는 그 목적에 맞는 다양한 절차와 메커니즘을 실험해야 한다.

갈등이 한창인 상황에서 우리는 형제자매로 볼 수 있는 네 개의 사회적 에너지를 저마다 다른 소리를 내는 모순적인 힘으로 여기기 십상이다. 그들은 서로 싸우는 것처럼 보인다. 진실과 정의를 부르짖는 이들은 자비와 평화를 간청하는 이들에게 적으로 간주되고, 대개는 본인에 대해서도 똑같은 방식으로 이해한다.

그러나 시편 저자의 시각은 다르다. 화해는 서로의 입장과 필요를 볼 때만 가능하다. 이 접근 방식이 의미하는 바는 각각의 목소리와 그것이 만들어 내는 사회적 에너지가 상대방이 없이는 불완전하다는 것이다.

그렇다면 실질적인 차원에서 어떤 의미가 있을까? 우리는 진실, 자비, 정의, 평화의 목소리로 대변되는 다양한 에너지에 주의를 기울이고 여지를 주어야 한다. 이 목소리들이 모순된 힘으로 들리면 우리는 폭발하는 갈등에 빠지고 그로 인해 무력감을 느낀다. 어느 것이 더 중요한지, 정당한지, 올바른지를 두고 끝없는 논쟁이 벌어진다.

이 네 목소리가 모순적인 것으로 들리면 둘 중 하나를 선택해야 하는 난처한 입장에 빠질 수밖에 없다. 승자와 패자만 남는 권투 시합을 하는 꼴이다. 그런 좁은 시야에 갇혀서는 안 된다. 우리는 비와 햇빛 중 하나를 고르라는 요구를 받지 않는다. 이 둘은 다르지만 생명 유지와 성장을 위해 꼭 필요하다. 진실, 자비, 정의, 평화도 마찬가지다.

시편 85편은 네 개의 다른 에너지가 포용될 때 갈등이 계시와 화해의 가능성을 품는다는 사실을 보여 준다. 우리는 진실, 자비, 정의, 평화의 염려를 모두 타당하다고 인정하고, 그들에게 발언권을 주고, 그들의 두려움과 필요에 반응하며, 열린 대화가 가능한 환경을 마련해야 한다. 그러는 편이 그들을 권투 경기장으로 몰아넣어 적으로 싸우게 하는 것보다 낫다. 넷이 다 말할 수 있게 하면 그들이 지하나 극단으로 내몰릴 가능성이 줄어든다. 우리가 갈등을 이런 식으로 다룰 때 하나님은 화해로 가는 길을 보여 주실 것이다.

이제, 갈등을 겪는 집단이나 상황을 마주할 때 진실, 자비, 정의,

평화를 한데 모으는 사회적 공간을 만들자. 그러면 더 깊은 이해와 의외의 새로운 길이 생기면서 회복과 화해로 이끄는 에너지가 구체적으로 나타날 것이다.

두세 사람이 만나는 자리: 마태복음 18장

내가 마태복음 18장 20절을 처음 접한 것은 오리건주에 살던 어린 시절, 일요일 예배와 수요일 저녁 예배 자리였다. "두세 사람이 내 이름으로 모여 있는 자리, 거기에 내가 그들 가운데 있다." 아버지가 설교자라 나는 이 유명한 성경 구절을 암기할 정도로 충분히 들었다. 그러다가 세월이 흘러 지구 반대편, 걸음마 단계의 소수 회중이 있는 '선교 현장'에서 이 구절을 다시 들었다. 내가 생각하기에 마태복음 18장에서 가장 많이 인용되는 구절이다.

마태복음 18:15~20

새번역본

네 형제가 [너에게] 죄를 짓거든, 가서, 단 둘이 있는 자리에서 그에게 충고하여라. 그가 너의 말을 들으면, 너는 그 형제를 얻은 것이다. 그러나 듣지 않거든, 한두 사람을 더 데리고 가거라. 그가 하는 모든 말을, 두세 증인의 입을 빌어서 확정지으려는 것이다. 그러나 그 형제가 그들의 말도 듣지 않거든, 교회에 말하여라. 교회의 말조차 듣지 않거든, 그를 이방 사람이나 세리와 같이 여겨라. 내가 진정으로 너희에게 말한다. 무엇이든지, 너희가 땅에서 매는 것은 하늘에서도 매일 것이요, 땅에서 푸는 것은 하늘에서도 풀릴 것이다. 내가 [진정으로] 거듭 너희에게 말한다. 땅에서 너희 가운데 두 사람이 합심하여 무슨 일이든지 구하면, 하늘에 계신 내 아버지께서 그들에게 이루어 주실 것이다. 두세 사람이 내 이름으로 모여 있는 자리, 거기에 내가 그들 가운데 있다.

이 구절은 모든 문화적·지리적 상황에서 꽤 일관되게 사용되는데, 작은 예배 모임에 용기를 북돋는 효과가 있다. 사람들이 그 의미를 이렇게 받아들이기 때문이다. "이봐, 우리 중 몇 명만 나와도 상관없어. 용기를 내. 하나님께서 우리 가운데 계셔."

하나님이 임재하시기 위해 많은 사람이 필요하지 않은 건 사실이다. 심지어 내가 혼자일 때도 하나님께서는 나와 함께 계신다. 그렇다면 마태복음 18장의 맥락에서 이 구절의 의미는 무엇일까? 단락 전체의 흐름 속에서 이 구절을 이해해 보면 그 의미는 모임에 참석한 몇 사람을 격려하려고 사용할 때의 전형적 의미와는 상당히 다르다. 그 맥락은 갈등이다.

마태복음 18장의 주제는 갈등이다. 그 이야기와 가르침을 잠시 숙고해 보자. 이 장은 제자들의 질문으로 시작한다. "하늘 나라에서는 누가 가장 큰 사람입니까?"(마 18:1) 제자들의 주요 관심사는 지위와 권력이다. 누가 다른 사람보다 높은 자리에 앉을 것인가? 누가 더 중요한 사람으로 여겨질까? 일반 단체나 교회 조직, 정부 등에서 직접 겪은 일들을 잠시 생각해 보자. 권력과 지위를 둘러싼 갈등은 언제나 일어나기 마련이다.

마태복음 18장의 뒷부분에서 예수는 용서하지 않는 종의 우화를 들려준다. 그 이야기에는 왕에게 엄청난 돈을 빚진 남자가 나온다. 그는 왕에게 자비와 인내를 간구한다. 왕은 그를 불쌍히 여겨 빚을 전부 탕감해 준다. 잠시 후 그는 자신에게 아주 적은 돈을 빌린 이웃과 우연히 마주치는데 그의 멱살을 잡고서 당장 돈을 갚으라고 한다. 이웃은 자비를 간구하지만 소용이 없었다. 왕은 그 이야기를 듣자마자 자비심이 없는 그 남자를 감옥에 가두었다.

여기서 갈등은 돈과 상환의 문제다. 그런데 교회 안에 있는 돈과 빚, 상환을 둘러싼 갈등과 매우 비슷해 보이지 않는가? 마태복음 18장은 권력으로 시작해 돈으로 끝난다. 18장 전체에서 다루는 내용은 거의 모든 갈등의 원인이 되는 세속적인 인간관계의 역학이다.

실천 지침

이 흥미로운 구절들은 예수의 직접적이고 실질적인 가르침을 전한다. 우리가 억울한 느낌이 들거나 어떤 형제나 자매가 잘못했다고 느낄 때 어떻게 나아가야 하는지에 관해 구체적인 지침을 주는 것이다.

이 구절들을 곰곰이 생각해 보니, 내겐 어떤 한계도 있지만 신학자가 아니기에 유리한 점도 있다. 나는 사회학을 전공했다. 그래서 사회 과정의 구조와 역학, 그 과정을 뒷받침하는 영적 차원을 들여다보는 시각을 활용한다. 하지만 성서를 엄밀하게 해석하는 도구는 없다. 그러니 내가 개략적인 소견을 나눌 때는 이 점을 염두에 두길 바란다.

나는 "네 형제가 죄를 짓거든"이라는 말을 좁은 의미(너에게 죄를 지어야지만)로 해석하기보다는 넓은 의미(어떤 죄라도 지으면)로 받아들인다. 성서 연구가들이 내게 말해 준 대로, "너에게 죄를 짓거든"(18:15)이라는 말은 고대 그리스어 원문에는 없기에 넓은 의미로 해석하는 편이 정당하다. 베드로는 "나에게 죄를 짓는"(18:21) 사람에 대해 주로 염려하는 것 같다. 그러나 내가 생각하기에 예수는 누가 죄를 지었든 간에 그를 부드럽게 원상태로 되돌리는 일에 더 관심을 보였다. (마 7:5, 눅 17:3, 갈 6:1, 레 19:17, 겔 3:16~21 참조)

대부분의 갈등, 특히 교회 구성원이 연루된 갈등 상황에서는 자신이 문제의 어느 편에 서 있든 대부분 남이 죄를 지었다고 느낀다. 나는 그게 사실임을 깨달았다. 특히 갈등이 가속화하거나 고조될 때 그랬다.

마태복음 18장을 보면 한 교인이 뭔가 잘못했다고 여기는 다른 교인을 교정하고 싶어 한다. 나는 여기서 "(누군가에게 지은) 죄"가 갈등이 생겨나는 상황을 암시한다고 이해하고 있다. 그래서 이 구절들을 들여다보면서 우리가 갈등을 어떻게 이해하고 그에 반응하는

지를 밝혀 보고자 한다.

신앙을 기반으로 연구하는 사회학자로서 내겐 궁금한 점이 몇 가지 있다. 갈등에 대해 생각하고 접근할 때 예수가 제시한 단계들은 어떻게 우리를 안내할까? 그 단계들에는 어떤 가정이 깔려 있는가? 어떤 목표를 달성해야 하는가? 그 목표는 대립 해결과 인간관계에 대해 어떤 역학을 밝혀 줄까?

예수는 우리에게 어떤 기술이 필요하다고 생각할까? 이런 접근은 우리에게 어떤 도전 과제를 주는가? 이 모델이 모든 상황과 문화에 도움이 될까? 우리의 실제 행동은 제시된 지침에 따라 어떻게 보일까? 마지막에 가서 이 가르침은 갈등에 대해 어떤 빛과 지혜의 창문을 열어 줄까? 내 기본적인 소견 네 가지를 나누면서 논의를 시작해 보겠다.

첫째, 마태복음 18장과 이 특별한 가르침의 맥락에서 볼 때 일차적이고 궁극적인 목표는 화해를 위한 노력이다. 우리에게는 사람들과 그들의 관계를 치유하고 회복시켜야 하는 소명이 있다.

둘째, 내가 보기에 여기 나오는 지침들은 예수의 모든 가르침에서 나타나는 가장 구체적인 실천 지침에 속한다. 이때 예수는 비유를 들거나 일반 원칙을 제시하지 않는다. 네 가지 구체적인 단계를 순서대로 상세히 밝혔다.

셋째, 예수는 교회나 공동체 조직을 구체적으로 언급한 적이 몇 번 안 되는데, 이 내용이 그중 하나다. 이 성경 말씀은 구원받은 평화로운 공동체의 구성원들이 차이, 대립, 갈등을 어떻게 다루어야 하는지 구체적인 단계를 개략적으로 보여 준다.

넷째, 여기에 나오는 예수의 가르침은 대단히 실질적이지만 좀처럼 실천되지 않고 있다. 신약 성서에 나오는 가르침 중 제대로 실천되지 않는 것 중 하나다. 마태복음 18장 15~20절을 일반 실행본 Normal Practice Version, NPV 으로 제시해 그 점을 설명해 보겠다.

마태복음 18:15~20

일반 실행본

교회에서 어떤 사람과 문제가 있을 때 나 혼자만 이 문제를 겪는 것이 아님을 먼저 확인해야 한다. 내가 그 사람과 문제가 있다면 다른 누군가도 그럴 가능성이 크다. 나를 이해하고 동의해 줄 수 있는 좋은 동지를 찾아보라. 문제의 인물이 형편없는 사람이라는 동의를 얻으면 좀 더 많은 이들과 대화해 폭넓은 공감대가 형성되는지 알아본다. 돈이나 땅, 상속과 관련된 문제라면 변호사에게 말하라. 변호사는 정직한 교회를 유지하기 위해 하나님께서 인정하신 사람이다. 동조자들과 변호사가 있으면 그 문제를 교회에 알려라. 목사와 장로들에게는 비공개로 알리는 편이 바람직하다. 이때 그 문제가 본인이 한동안 염려하며 기도했던 내용이고 거기에 공감하는 한 무리의 사람들이 있다고 말한다. 그 문제를 회중 앞에서 공개적으로 이야기하지 않는다. 그러면 불안정과 혼란을 초래하기 때문이다. 진심으로 말하건대, 그 후로 문제를 처리하는 일은 목사와 장로들의 책임이다. 이제 본인의 임무는 그들이 일을 제대로 처리하는지 확인하는 것이다.

123쪽의 새번역본과 위 내용을 대조해 보면 여러 면에서 공동체 내 갈등을 회피하고 사실상 확대하는 경향이 보인다. 우리는 예수의 원래 가르침 중에서 갈등과 상대방 쪽으로 시선을 돌려 소통으로

나아가야 하는 구체적인 절차들을 회피하고 있다. 그럼, 각 단계와 그 함의를 더 자세히 살펴보자.

1단계: 직접 가기

※

논리적이고 간단한 생각처럼 보인다. 그러나 문제에 대해 당사자와 이야기하는 것은 인간관계에서 아주 어려운 실제 소통의 대표적인 예다. 일반적으로, 불평하는 사람은 문제를 둘의 관계 밖으로 꺼내 다른 이들을 상황으로 끌어들여 '삼각관계'를 만든다. 형제나 자매에게 직접 가서 대화하는 일이 간단한 듯하지만 사실 그것은 수많은 중요한 전제와 가정을 기반으로 한다. 그 전제와 가정을 이해하려면 사회적·심리적·영적 차원의 고찰이 필요하다.

사회적·심리적 관점에서 볼 때 내가 어떤 사람과 겪는 문제에 대해 당사자를 직접적인 대화로 끌어들이려면 이중으로 움직여야 한다. 첫째, 자각이라는 내면의 과정을 시작하며 자신의 감정과 불안, 인식을 다뤄야 한다. 둘째, 상대방 쪽으로도 시선을 돌려 소통해야 한다. 이 점이 바로 갈등의 역동적이고 영속적이며 흥미로운 부분이다. 갈등은 언제나 자기 자신과 만나고 타인과 만나는 여정을 선사하기 때문이다.

갈등 속에서 우리는 자신과 부딪치고 타인과도 부딪친다. 그런 이유로 직접 가기는 꽤 복잡한 과정이 된다. 그 주요 단계 가운데 일부는 다음 내용을 포함한다.

첫째, 직접 가는 행위에는 명시적이진 않아도 묵시적인 자기 성찰이 따른다. 자존감은 늘 의문스러운 법이다. 그런 자기와의 만남에서 우리는 깨닫는다. 우리의 경험과 인식, 감정 때문에 오염되기는 해도 어쨌거나 자각한다. 자신을 만나는 동안 갈등이 제공하는 성찰의 기회를 어떻게 활용하고 그에 응할지 선택하는 것이다.

예를 들어 갈등에 방어적인 태도를 보이면 대개 불안감을 의미한다. 우리는 들어오는 정보와 그것이 생산하는 불안에 반응한다. 비난은 종종 불안을 피하고 다른 누군가에게 투사하는 심리적 기제다. 건설적인 방식으로 직접 가고자 한다면 그에 따르는 과제를 인식해야 한다. 새로운 정보와 인식을 마주하고 불안과 두려움의 근원을 해결하려고 노력해야 한다. 두려움을 향해 나아가고 두려움을 확실하게 받아들여야 한다.

둘째, 직접 갈 때는 타인을 향해 나아가기로 결심해야 한다. 그것은 두려움의 근원으로 나아간다는 것

자신에게 던지는 질문

갈등 속에서 갈등을 인식하든 못 하든 우리는 자신이 "상대"로 인식하는 사람에 대해 크게 두 가지 의문을 품고서 끊임없이 생각하고 판단한다.

1. 그 사람은 무슨 일을 꾸미는 걸까?
그는 왜 그런 일을 하는 걸까? 그가 필요하고 원하는 것은 무엇인가? 그가 옳은가? 그는 좋은 사람인가? 그는 나를 어떤 사람으로 보고 느끼는가?

2. 그 일이 내게 어떤 영향을 주는가?
나는 누구인가? 내가 옳은가? 나는 좋은 사람인가? 내가 필요한 것은 무엇인가? 나는 무엇을 하려고 하는가? 나는 그를 어떤 사람으로 보고 느끼는가?

을 의미한다. 이것은 복잡하다. 자기를 인식하고 타인과 소통하는 두 가지 일을 동시에 해야 하기 때문이다. 둘 다 큰 도전이면서 그 안에 함정이 숨어 있을 수 있다.

어쩌면 타인을 향해 방어적이고 비난하고 탓하는 태도로 나가는 편이 쉬울지도 모른다. 때때로 우리는 잘못을 넌지시 말하는 수동적인 방법을 쓰면서 염려를 명확히 밝히지 않기도 한다. 상대의 반응에 대응하고, 이성적이며 나은 반론으로 맞서고, 내가 옳다는 것을 보여 주면서 이기려 들 수도 있다. 아니면 상대방을 상대하는 일이 불가능하다고 주장하면서 물러서기도 한다.

반면, 우리가 건설적인 태도로 직접 가길 바란다고 가정해 보자. 그러면 분명하고 적극적인 태도로 자기를 인식하는 동시에, 상대방의 인식과 염려에 대해 소통하는 자리를 만들어야 한다. 갈등이 있을 때 적극적인 자기 인식은 비난도 아니고 후퇴도 아니다. 거기에는 취약한 투명성의 자세가 따른다. 그런 자세로 내 염려와 두려움, 희망, 욕구를 깊이 인식하고서 이야기하는 것이다.

예전에 코스타리카의 한 지혜로운 할머니가 내게 말씀하셨듯이, 그런 자기 인식은 "내 심장을 손에 쥐고 원수에게 갈 때" 얻는 선물이다. 소통하는 자리를 만드는 일은 누가 옳은지 그른지를 규명하려는 행위나 동의, 비동의를 토대로 하지 않는다. 그런 행위는 기본적으로 상대의 경험을 포용하고 거기에 연결되려는 자세에서 나온다. 그것은 인식과 인정이 주는 선물이다.

나는 그런 자기 인식과 소통하는 자리 만들기가 사회적·심리적 요소임을 확인했다. 게다가 그 각각에는 깊은 영적 차원도 존재한다. 그것들을 현재 쓰는 용어로 "영적 훈련"이라고 하면 아마 가장 잘 이해될 것이다. 그런 훈련은 내면적으로 하나님께서 영감을 주고 지지해 주시며, 화해로 나아가기 위해 꼭 필요한 일이다.

나는 예수가 제안한 그 첫 단계인 "직접 가기"의 실천이 화해를 이해하는 데 핵심이라고 믿는다. 여기에는 일련의 중요한 이중 과제가 따른다. 즉 자신도 만나고 상대방도 만나야 한다. 자신의 두려움을 인정하되 두려움의 포로가 돼선 안 된다. 자기를 인식하면서 상대방의 경험도 인정해야 한다.

그 각각은 기도로 채워지는 취약성, 책임감 있는 분별, 쌍방향 소통이라는 중요한 영적 차원을 전제로 한다. 여기에 필요한 행동은 '직접 가기'라는 두 단어로 요약된다. 그것은 심도 있는 영적 훈련 과정에 달려 있다.

◉ 화해를 위한 영적 훈련

마태복음 18장에 나오는 첫 단계 '직접 가기'를 실행할 수 있게 하는 영적 훈련은 다음 내용을 포함한다.

1. 기도로 채워지는 취약성 Prayerful vulnerability이란 자기 내면의 두려움과 불안의 근원을 과감히 바라보는 것이다. 보통 사람의 능력과 반응을 넘어선 이해를 추구

하는 일이다. 그런 훈련은 갈등이 성찰과 성장의 계기임을 이해할 때만 진전된다. 자신이 공격받고 위협당하는 기분이 들 때조차 그렇다.

기도로 채워지는 취약성은 타인과 하나님에 대한 열린 마음에 기초한 자각을 일으킨다. 그런 인식 속에서 자신을 방어하기보다는 스스로에 대해 배울 수 있다. 자신을 상대방보다 우월하다고 여기지 않고 그 사람에게 비춰 보면서 나와 그 안에서 하나님을 발견하게 된다.

이렇게 기도로 채워지는 취약성은 메노나이트 무저항 정신의 가장 적극적인 요소들을 담고 있다. 예수가 행한 대로(빌 2:6~7) 자신을 비우는 기본 개념과도 연결된다. 메노나이트 전통은 무저항을 "저항하지 않는 것"으로 정의했다. 그런데 사람들은 그런 무저항을 부정적으로 받아들여 수동적인 회피나 후퇴의 방식으로 실행하는 경향이 있다.

그에 반해 무저항으로서의 기도로 채워지는 취약성은 **능동적인** 영적 훈련을 시사한다. 기꺼이 자신을 비우는 마음에서 하나님을 위한 자리가 마련되는 자각이 일어난다는 의미다. 그런 자각은 내면의 명료함, 열린 마음, 정직, 투명성으로 이어진다. 이런 가치들은 타인, 특히 위협적이라고 인식되는 사람들과의 적극적인 소통을 위한 필수 요소다. 영적 훈련으로서의 기도로 채워지는 취약성은 경청과 배움의 자세다.

2. 책임감 있는 분별 Responsible discernment은 갈등과 타인을 향해 나아가기를 자청할 때 생겨난다. 이 훈련은 문제를 관계적으로 다룰 때와 장소를 분명히 구별해야 하는 어려운 과제가 따른다는 특성이 있다. 먼저, 한 구성원이 어떤 문제를 "죄"로 인정하려면 그게 무슨 죄인지 분별하기 위해 우리는 교회로서 협력하여 준비해야 한다.(마 18:18) 둘째, 때때로 우리는 상황이 흘러가게 내버려두거나, 남들이 그 일을 해 주길 기대하거나, 다른 이들에게 충분히 신경을 쓰지 않다가 일을 그르치고 만다. 또 어떤 때는 책임감이 지나쳐 모든 사람의 문제를 짊어지려고 한다.

분별이란 단순한 사고 과정이 아니다. 기본적으로 다른 사람들과 함께하는 행동이다. 올바른 책임감을 지녔다면 우리의 책임과 상호 의존을 알아차릴 수 있어야 한다. 책임감 있는 분별은 마태복음 18장에서 제시하는 네 단계를 온전히 뒷받침한다.

3. 쌍방향 소통 Interactive engagement은 자신의 투명성과 더불어 타인에 대한 인정이라는 특징이 있는 훈련이다. 그것은 비난이나 후퇴의 성격을 띠지 않는다. 쌍방향 소통은 적극적인 만남이고 그에 대한 준비는 마음에서부터 나온다. 그래서 사람들은 각자의 가장 깊은 이해를 나눌 수 있고 다른 관점에서 나온 이해에 대해서도 소통할 수 있다.

가족 제도 이론가들은 우리에게 걱정이나 두려움 없이 타인과 소통하는 "걱정 없는 존재nonanxious presence"가 되라고 조언한다. 요한은 그런 상태를 모든 두려움을 내쫓는 '완전한 사랑'이라고 기술한다.(요일 4:18) 쌍방향 소통은 갈등 중에도 서로의 차이를 투명하게 공유하고 건설적으로 소통하기 위해 필요한 영적 훈련이 이루어질 때 일어난다.

2단계: 한두 증인을 데리고 가기

잘못한 구성원이 한 사람의 조언을 듣지 않아 평화를 되찾지 못했다고 가정해 보자. 그러면 예수는 두 번째 중요한 단계로, 좀 더 많은 이를 끌어들이라고 말한다. 이들은 증거를 확인해 주는 추가 "증인"이다. 두세 사람이 있다는 것은, 무슨 일이 벌어졌으며 어떤 조치가 이루어져야 하는지 분별하려고 협력하기 시작한 한 무리의 사람들이 생겨났다는 뜻이다. (딤전 5:19와 신 19:15 참조)

이 역학을 좀 더 깊이 들여다보면 눈에 띄는 점이 몇 가지 있다.

증인이라는 개념은 당사자들과 함께하면서 어려움을 겪는 사람의 이미지를 지닌다. 갈등을 다루고 화해를 추구할 때 함께하려면 두 가지 자세가 필요하다.

첫째, 앞서 논의에서 확언했듯이 일차적인 책임은 갈등을 겪는 당사자들에게 있다. 달리 말하면 증인들은 성찰, 경청, 이해가 생겨날 토론의 장을 형성하도록 돕는 이들이다. 이 일은 과실을 평가하거나 판단하는 것과는 다르다. 그것은 사람들이 투명해지고 서로 소통하고 하나님을 찾을 수 있는 환경을 조성하는 능력을 가리킨다. 그런 자리는 본질적으로 성지로 보이게 된다. 증인들은 앞서 밝힌 영적 훈련과 더불어, 그런 자리 만들기와 관련된 구체적인 기술이 필요하다.

교회사를 돌아보면 흥미로운 질문이 하나 떠오른다. 우리는 과연 그런 자리를 만들고 함께하는 데 필요한 능력, 재능, 기술을 마음속에 그리며 키워 왔는가? 일반적으로 우리는 잘못과 책임을 따지고 평가하는 운영상의 관점으로 이 성경 본문을 해석했다. 기도로 채워지는 취약성, 책임감 있는 분별, 쌍방향 소통은 실행하지 못할 때가 잦았다.

그 결과 흔히 응보적 처벌, 분리, 거리두기식 결말이 되었다. 우리는 보통 "옳음"이라는 의미에서 "정의"에 근거를 두었지, 개개인의 내면과 사람들 사이에 존재하시는 하나님의 자리를 만드는 신성을 근거로 삼지는 않았다.

둘째, 함께하는 것은 공동체 안에서만 이해할 수 있는 책임을 낳는다. 증인들이 있으면 그 과정은 더 폭넓은 식견과 결부된다. 경청과 책임은 이런 접근에 속한다. 책임은 복잡한 개념이자 과정이다. 어떤 이들에게는 책무가 억압과 제한의 신호가 되어, 남들에게 이래라저래라는 말을 듣고 이후에 자기가 항상 책임을 져야 한다는 의미로 다가온다. 반면 어떤 이들에게는 책임이 더 긍정적인 가치를 지닌다. 헌신과 상호 복종으로 상호 책임을 다하면 자유가 찾아오기 때문이다. 우리 곁에는 서로 돕고 의지하는 사람들이 있다.

나는 때때로 갑갑한 동시에 자유롭게 해 주는 상호 책임의 양면성을 느꼈다. 하지만 그런 두 측면은 모두 2단계에서 일어나는 일의 더 깊은 의미를 담아내지 못한다. 그래서 제3의 선택지를 제안하겠다. "두세 사람이 내 이름으로 모여 있는 자리"(마 18:20)라는 구절은 개인의 성장, 관계의 성장, 하나님에 대한 이해의 성장을 촉진하는 진실 소통의 책무를 가리킨다.

함께하는 것이 상호 책임을 낳는다고 내가 이야기할 때 그 말은 누군가를 혼내서 동조하게 하거나 독단적인 원칙을 고수한다는 뜻이 아니다. 진실을 소통할 수 있는 자리를 만드는 과정을 말한다. 그런 과정은 만남에서 비롯된 이해로 살아가는 삶으로 이어진다. 그런 상호 책임의 과정은 궁극적으로 공동체 안에서만 이해될 수 있기에 관련된 이들 각각의 참여를 끌어내기 마련이다.

그러므로 한 단계로서 "두세 사람이 내 이름으로 모이는"(마 18:18

~20) 것에는 실질적 측면과 깊은 영적 측면이 있다. 실질적 측면에서 볼 때 이 단계는 사람들이 투명해지고 서로 소통하는 안전한 자리를 만드는 데 도움이 되는 능력과 기술의 개발과 관련된다. 영적인 차원에서 보면 이런 종류의 자리가 바로 성지다. 그것은 우리가 하나님을 만나고 서로 만나는 장소를 상징한다. 그런 자리는 "합의에 이르고 문제를 해결하는 것" 이상을 선사한다. 개인과 공동체로서 더 깊이 이해하고 성장하도록 우리를 이끄는 것이다.

3단계: 교회에 말하기

1~2단계가 성공적인 결론을 끌어내지 못했다면 갈등 해결 과정의 세 번째 단계에서는 더 넓은 토론의 장으로 상황을 옮겨야 한다. 여기서 토론의 장은 **교회**라는 말로 표현된다. 신앙 공동체로 문제를 가져가라. 앞선 단계들에서 나는 영적 토대를 숙고하기 전에 사회적 중요성을 고찰하면서 논의를 시작했다. 이 3단계에서는 순서를 바꿔 논의하려는데, 먼저 세 가지 기본적인 소견을 나누겠다.

첫째, 갈등과 교회 교리는 연관되어 있다. 우리를 교회로 어떻게 조직하느냐가 갈등을 다루는 방식에 영향을 줄 것이다. 그리고 우리가 갈등을 다루는 방식은 우리 조직에 반영된다. 이 부분은 다음 장에서 예루살렘 공의회를 살펴보면서 더 탐구할 것이다.

7_두세 사람이 만나는 자리: 마태복음 18장

둘째, 갈등을 다루는 것은 영적인 일이다. 이 내용은 앞서 다양하게 논의했으나 여기서 다시 볼 수 있다. 문제를 교회로 가져오는 것은 교회를 갈등이 없는 장소가 아니라 갈등을 다루고 처리하는 장소로 본다는 가정이 깔려 있다.

셋째, "교회에 말하여라"(마 18:17)라는 이 단순한 지침은 우리가 따라야 할 본보기를 제시한다. 화해는 교회의 사명이다. 갈등을 다루는 일은 영적이다. 거기에는 자기 자신, 타인, 하나님과의 만남이 따른다. 따라서 우리는 화해가 사람들과 그들의 관계를 전환하는 일임을 이해하기 시작한다. 그것은 소외, 거리감, 고통, 두려움에서 회복, 이해, 성장으로 옮겨 가는 변화를 의미한다. 성경 이야기에 종종 나오듯, 역사 속에서 행동하시는 하나님의 기본 목적은 화해다. 만물이 화목한 상태다. (골 1:20)

실질적인 차원에서 우리는 증인들을 데리고 가는 2단계를 참조해 그때와 똑같은 질문을 스스로 해 볼 수 있다. 교회 공동체를 만남, 성장, 화해의 사명이 실현되는 장소로 만들려면 어떻게 해야 할까?

이 시점에서 처음 두 단계에서 언급한 기본 개념을 보강하려 한다. 실질적인 차원에서 집단 수준의 갈등 문제를 건설적으로 소통하려면 대인 수준이나 소집단 수준을 뒷받침하는 똑같은 훈련이 이루어져야 한다. 자기 인식, 투명성, 쌍방향 소통이 필요한 것이다.

3단계에서 바뀐 점은 관련자의 수다. 이 단계에서는 더 큰 집단에서 갈등을 표출하는 방안을 찾을 때 혁신과 창의성이 필요하다.

그리고 그 방식은 관련자들에 대해 책임을 느끼면서도 건설적이어야 한다. 비결은 두 가지 요소에 있다. 하나는 갈등을 다루고 해결하는 게 일반적이고 영적인 일임을 이해하는 것이다. 또 하나는 더 큰 무리의 사람들과 함께 그 일을 할 수 있는 기술과 훈련을 개발하는 것이다.

다음으로, 책임감 있는 분별이라는 개념을 다시 살펴보자. 교회 지도자들이 직면하는 가장 어려운 과제 중 하나가 갈등의 본질을 파악하는 일이다. 그런 뒤 갈등 해결에 적합한 과정인 공론장을 만들 수 있다. 갈등은 온갖 크기, 깊이, 너비, 비율로 일어난다. 그렇다 보니 특정한 갈등의 본질을 다루기 위한 적당한 절차를 찾거나 선택하기란 어렵다.

예를 들어, 전체 회중의 참여가 필요한 문제를 네 명의 위원회가 다루는 방식은 적절하지 않다. 개인적인 문제를 많은 사람 앞에서 꺼내는 방식 역시 적절하지 않다. 사람이 많이 모인 곳에서는 득보다 실이 많을 수 있다.

책임감 있는 분별을 위해서는 갈등의 본질에 대한 이해가 따라야 함은 물론 갈등에 대응하기 위한 적절한 절차를 고안하는 기술이 필요하다. 우리에게는 갈등을 다루는 실질적인 기술의 조합과 더불어 화해의 길을 걷는 이들을 인도하고 지속시키기 위한 영적 훈련이 필요하다.

요약하면 "교회에 말하기"의 영적 차원은 기본적인 이해에 달려

7_두세 사람이 만나는 자리: 마태복음 18장

있다. 교회 구성원과 교회 조직은 화해의 사명을 완수하는 살아 있는 증거다. (고후 5:18~19) 교회는 만남의 장소다. 진실을 분별하는 곳이자 진실을 말하는 곳이다. 취약한 투명성을 위한 곳이다. 쌍방향 소통의 장소다. 상호 책임이 따르는 장소다. 결국 교회는 서로를 향한 여정이고 하나님을 향한 여정이다.

4단계: 세리와 같이 대하기

이 과정은 한층 복잡하고 교회 역사에서 적지 않게 실천됐다. 화해할 수 없는 사람을 "이방 사람이나 세리"처럼 대하라는 말은 과연 어떤 의미일까? 대부분의 교인은 이 말을 그저 죄인을 피하라는 명령으로 받아들인다. 선을 긋고 헤어져도 된다는 허가증처럼 말이다. 그리하여 잘못한 자는 우리가 거리를 두어야 할 사람이 된다.

1~3단계에서 우리가 나아갈 **방향**을 갈등과 상대방으로 제시했다는 점을 떠올려 보자. 나는 이런 질문을 던지겠다. "마지막 단계가 갈등과 상대방에게서 **떠남**을 의미하면 전 단계들과의 일관성은 어떻게 되는가?"

내게 좋은 답이 있진 않지만 이를 설명할 신학적 방법론이 있다. 내가 이해하는 아나뱁티스트 신학은 우리의 소명이 예수의 제자가 되는 것임을 의미했다. 신학적으로 초기 아나뱁티스트들이 강조한 것은 틀에 박힌 교리나 율법이 아니었다. 그들은 예수의 발자취를 따르는 것, 예수의 성품과 행동을 본받는 것에 집중했다. 우리는 그리스도 중심적이어야 하는데, 그것은 단순한 신앙 고백이 아니라 행동 측면에서 주로 정의된다.

우리가 예수를 따르는 신학을 진지하게 받아들인다면 예수의 행동을 보면서 그가 개략적으로 설명한 단계들을 이해할 수 있어야 한다. 예수는 이방 사람들과 세리들을 어떻게 대했나? 이 질문에 대답하면서 우리는 4단계에 이르렀을 때의 대응법을 발견할 수 있다. 아주 간단한 답이 눈에 띈다. 마태복음 9장 10절에 나오듯 예수는 그들과 함께 식사했다. 바리새인들은 분통을 터뜨렸지만 예수는 신앙 공동체 밖에 있는 자들과 불순하다고 여겨지는 자들을 찾아내어 같이 먹는 길을 거듭 선택했다. 4단계에 대한 나의 해석은 이렇다. '그들과 함께 식사하라!'

"함께 식사하기"는 이 책에서 살펴본 바와 앞으로 살펴볼 바가 반영된 두 가지 개념을 제시한다.

거의 모든 문화에 걸쳐 함께 먹는 일은 관계와 연결을 암시한다. 국제 무대에서도 모여서 대화하고, 협상하고, 평화를 추구하는 것을 **테이블**에 비유한다. 식사는 우리가 더 큰 인류 안에서 연결되어 있다는 보편적 진리를 상징한다.

같이 먹으면 동등한 위치가 된다. 복잡한 국제 협상을 진행할 때 함께 하는 식사는 종종 사람들이 서로 바라보고 연결되는 계기가 된다. 함께 먹을 때 우리는 같은 사회적 수준에 놓이고, 동일성을 인정하며, 기본적인 인간성을 인식한다. 이런 의미에서 식사 자리는 안전한 장소요, 우리 자신이 되는 곳이다.

이제 "함께 먹는" 행위를 이전 단계들과 연결해 보자. 4단계에 이르러 예수의 운영 방식이 구체화된다. 예수는 자신이 누구이며 상황을 어떻게 보는지 잘 알고 있었다. 하지만 예수는 사람들을 만났다. 그들이 어디에 있든지 자신의 사랑으로 두려움을 극복하는 모습을 보여 주면서 말이다. 예수는 다른 이들과 연결되는 방식으로 관계를 구축하려고 했다. 1~2단계에서 언급한 요소들이다. 2000년이 지난 현대의 가족 제도 이론이 장려하는 방법과도 일치한다.

투사하거나 물러나지 않으면서 자신을 인식하라. 자신이 누구인지 분명히 하라. 취약한 투명성을 추구하라. 다른 이들도 똑같이 행하도록 격려하라.

걱정하지 않는 마음을 기르라. 타인의 자기 인식이 그 사람에 대한 나의 인식과 다를지라도 화내지 말고, 물러서지 말며, 그를 두려워하지 말라. 차이에 반응하거나 통제하려 들기보다는 쌍방향으로 소통하라. 차이를 향해 나아가고 거기서 멀어지지 말라.

관계적이고 감정적인 접촉을 유지하라. 계속 연결되어 있으라. 함께 식사하라. 그렇게 할 때 화해의 기술이 중심을 되찾는다는 사실을 알게 될 것이다. 다시 말해, 서로의 인간성에 주목하고, 자기 성찰력이 커지며, 헌신적인 우정으로 동행하게 될 것이다.

침묵과 경청: 사도행전 15장

사도행전 15장에는 흔히 '예루살렘 공의회Jerusalem Council'라 불리는 사건을 둘러싼 일들과 초대 교회의 이야기가 나온다. 바울과 바나바는 여러 나라를 돌아다니며 예수의 복음을 전했다. 선교 여행에서 극적인 반응을 얻은 두 사람은 자신들을 파송한 수리아의 안디옥 교회로 돌아온다. 그리고 교인들을 불러 모아 "하나님께서 자기들과 함께 행하신 모든 일과, 하나님께서 이방 사람들에게 믿음의 문을 열어주신 것"을 이야기한다. (행 14:27)

그런데 그곳에 온 몇몇 유대 사람이 이방 신자들에게 이렇게 설교한다. "여러분이 모세의 관례대로 할례를 받지 않으면, 구원을 얻을 수 없습니다."(행 15:1) 이 사안은 바울과 바나바 두 사람과 유대에서 파견된 사람들 사이에 "적지 않은 충돌과 논쟁"을 불러일으킨다. (행 15:2) 여기서 "적지 않은 충돌"이란 정확히 무엇일까? 아마도 교회 내의 큰 싸움, 신도들의 소동이라고 표현하는 게 좋을 듯싶다!

초대 교회의 모임과 논쟁을 녹화한 영상이 있다면 좋을 텐데, 아쉽다. 우리는 초대 교회 지도자들에 대해 성인이나 예언자의 이미지를 갖고 있다. 그러나 지역 교회의 일상에서 그들의 행동을 볼 수 있다면 충격받을 가능성이 크다. 가장 놀라운 점은 그들이 우리와 별반 다르지 않다는 사실이다. 사도행전 15장 39절에도 나오듯이 심지어 첨예한 의견 대립을 보인다. 그런 영상이 있다면 우리가 성경을 읽을 때 바로 알기 어려운 점들을 보고 들을 수 있을 것이다.

그리하여 우리는 초대 교회에서 그 사안이 얼마나 중대했는지 그 심각한 분위기를 금방 알아챌 것이다. 오늘날에는 교인이 되려면 할례를 꼭 받아야 한다는 문제가 현실과 동떨어진 이야기처럼 들릴지도 모른다. 하지만 이 논쟁의 이면에는 심오하고도 익숙한 문제가 있다. '하나님께서 우리 가운데서 움직이시는 새로운 방식으로 보이는 것에 동화하기 위해 우리의 신념과 관행을 바꿀 것인가'다.

초대 교회 구성원들은 스스로 하나님의 백성으로 여기는 사람들의 정체성을 놓고 논쟁한다. 여기에는 오늘날 우리가 종종 듣는 의견들도 들린다. 대부분 염려와 강한 확신으로 가득 찬 목소리다. 저마다 자기 말이 진실이라고 주장한다. 어떤 목소리는 분노로 가득차 있고, 어떤 목소리는 두려움이 가득하다. 희망의 메시지를 전하는 목소리는 미미하다.

많은 사람이 모순된 감정과 혼란을 보인다. 그들은 이렇게 묻는다. "이게 사실이라면 하나님께서 우리에게 무엇을 말씀하시는 겁니까?" 어떤 이들은 알려진 바를 고수하며 모든 혼란과 모호함을 피하려 한다. 그들은 이렇게 답한다. "우리 하나님은 질서, 명료함, 율법의 하나님이시오." 교회에서 논쟁이 한창일 때 이런 이야기를 들어본 적이 있는가?

"하나님은 우리가 누군지, 우리의 사명을 어떻게 수행해야 하는지 새로이 이해하라는 소명을 주시는 겁니다."

"우리는 그걸 이런 식으로 한 적이 한 번도 없어요. 그 사람들을 교회로 들인다면 그날로 나는 교회를 떠나겠어요."

"성경에 나오는 이 부분을 보세요. 우리가 이러면 안 된다고 분명히 나와 있어요."

"성경에 나오는 이 부분을 보세요. 어떻게 이럴 수 있는지 보여주잖아요."

사도행전 15장은 갈등에 관한 장이다. 여기서는 작은 창문을 통해 실제로 진행되는 절차를 들여다볼 것이다. 초대 교회는 이 문제를 어떻게 다루는가? 영성과 실천의 상호작용에 다시 주목해 보자. 그들은 어떤 단계를 거치는가? 어떤 모델이 제시되는가? 영적 차원에서 그런 과정을 뒷받침한다고 여겨지는 것들은 무엇일까?

갈등을 다루는 원칙과 단계

—«««—

사도행전 15장에 나오는 전반적인 원칙과 단계를 살펴보기 전에 그 맥락의 논의에서 두 가지를 상기해야 한다. 첫째, 그 갈등은 신학적이면서도 교회와 관련된 문제에 핵심적인 의문을 제기한다. 갈등은 정체성, 조직, 구조와 관련이 있다. 우리는 누구인가? 우리의 소명은 무엇인가? 이 세상에서 우리 조직을 어떻게 만들어 갈 것인가? 그리고 그런 결정을 누가 내리는가? 둘째, 사람들은 그 문제를 깊이 생각한다. 그러는 내내 진심 어린 감정이 드러나는 분명한 징표가 있다. 많은 것이 위태롭다. 이를 염두에 두고 원칙과 단계를 살펴보자.

1. 문제를 인정하고 규정하라: 사도행전 15장의 이야기는 문제가 솔직하게 제기됐다는 점에서 특이하다. 이런저런 갈등이 있는 교회 안에서 흔히 볼 수 없는 모습이다. 이야기 속 인물들은 차이와 갈등이 있다는 사실을 인정하면서 논의를 시작한다. 누군가가 나서서 어떤 문제를 선뜻 말하기 전까지 그 문제가 '골칫거리'가 되어 가는 긴 시간을 볼 때마다 놀라울 따름이다.

나는 오랜 세월 교회와 관련된 갈등을 많이 다뤘다. 하지만 참으로 많은 사람과 회중이 내게 갈등에 대한 일반 교육이나 훈련을 먼저 요청할 때마다 매번 놀란다. 그 요청의 이면을 보면 수십 년 동안 줄곧 피하다가 터지기 일보 직전인 문제들이 종종 모습을 드러내기 때문이다.

사도행전 15장에서 작용하는 첫 번째 원칙에는 평행선을 달리는 두 개의 다른 궤도가 있다. 아는 것과 인정하는 것, 이 둘 사이에 상당한 차이가 있음을 이해하는 것이 중요하다. 뭔가를 인정한다는 것은 그 문제를 공개하고 수면 위로 올려 인식한다는 뜻이다. 우리는 우연히 부딪치는 상황에서 주변을 맴돌다가 진짜 문제를 조심스럽게 피해 가는 양상을 벗어나지 못할 때가 잦은데, 그러면 혼란과 고통이 야기된다. 하지만 우리가 다루어야 할 차이와 불화를 공개적으로 인정할 필요가 있다. 이 단계는 우리가 앞으로 나아가는 과정에서 대단히 중요하다.

그런데 우리는 보통 그런 인정을 두려워한다. 문제를 공개적으로 말하면 개인적으로도 관계상으로도 피해를 볼까 봐 두려워하는지도 모르겠다. 불편하고 고통스러운 상황이 될 테니 말이다. 그러나 사도행전 15장에서 작용하는 근거를 보면 갈등의 인정이 관계의 투명성과 헌신의 일환임을 알 수 있다. 의견 차이를 꼭 관계상의 거리와 분리로 해석하지 않아도 된다. 의견이 다르다는 것은 서로 이해가 커지고, 관계가 증진하고, 더욱 성장한다는 의미일 수 있다.

내 경험에 비추어 보면 여기에 또다시 모순이 존재한다. 인정의 단계를 겁내고 관계를 보호하기 위해 인정을 회피하면 대개 두려움이 커지는 자충수가 된다는 것이다. 그러다가 결국에는 갈등이 밖으로 폭발하거나 안에서 터지고 만다. 반면 갈등을 인정하고 그것

8_침묵과 경청: 사도행전 15장

을 향해 초기에 나아가면 설득하기 어려운 차이조차 관계로 극복해 갈 수 있다는 사실을 알게 된다.

이런 역설은 내 동료인 론 크레이빌Ron Kraybill이 교인들에게 제시하는 다음과 같은 조언의 이면에도 존재한다. '불화를 일으키고 교회를 분열시키는 갈등을 줄이고 싶다면 교회에서 일상적으로 다른 의견이 더 많이 나오도록 장려하세요.'◐

마찬가지로 무엇에 대한 갈등인지 규정하는 일도 중요하다. 이 책은 갈등을 다루는 법에 관한 설명서가 아니기에 여기서 갈등 규정에 활용되는 접근법과 방편을 자세히 설명하지는 않겠다. 그러나 하나의 원칙으로서 그 목적을 이해하는 일은 중요하다. 무슨 일인지 규정하는 것은 그 갈등이 어디서 일어나는지 파악한다는 뜻이다. 어떤 이들은 그런 작업을 갈등의 **지도 그리기**mapping라고 부른다. 우리 교육자들의 바람은 갈등에 관련된 사람들이 공동으로 갈등의 본질과 문제 해결에 필요한 사항을 이해하는 것이다.

국제 협상에서는 그런 작업을 **의제 설정**agenda-building이라고 부르는데 그러기까지 수년이 걸리기도 한다. 교회 환경에서 의제 설정은 사람들이 염려를 나누고 그 문제를 어떻게 다룰지 제안할 수 있을 때 이루어진다. 뜨거운 쟁점으로 보이는 문제가 사실상 수면

◐   Ron Kraybill, *Repairing the Breach: Ministering in Community Conflict* (Scottdale, PA: Herald Press, 1981).

아래에서 일어나는 다른 일들의 징후이며 콕 집어서 뭐라고 말하기 어려울 때가 많다. 사도행전 15장에 나오는 이들은 자신들이 다루어야 할 구체적인 문제들을 인정하고 규정하고 있다.

2. 문제 해결 과정에 적합한 공론장을 마련하라: 마태복음 18장에 나오듯이 사람들의 필요와 갈등의 본질에 맞는 공론장을 만들어야 한다. 이는 결코 쉬운 일이 아닐뿐더러 이미 만들어진 방식으로 나타나는 것도 아니다. 핵심은 과정을 지향하는 일이다. 갈등을 어떻게 다룰 것인지가 최종 결정 사항 못지않게, 아니 그보다 더 중요하다. 중재자인 론 크레이빌은 "과정이 결과보다 중요하다."라고 재치 있게 말한 적이 있다. 내 멘토인 짐 라우에Jim Laue는 이 말을 "과정이 믿을 만하면 결과도 믿을 만하다."°라고 표현했다.

과정의 문제는 적절한 공론장을 만드는 논의를 할 때 바로 고려해야 할 사항이다. 사도행전 15장에는 분별과 창의성을 토대로 함축적이면서도 상당히 명민한 과정을 지향하는 모습이 묘사되어 있다. 그 장은 폭넓은 참여가 필요한 갈등을 인정하는 이야기다. 그 갈등은 지역 회중의 경험을 넘어 포괄적이고 확대된 무대로 옮겨 간다.

예를 들면 우리가 알고 있듯이 바울과 바나바는 선교 여행에 마가 요한을 데리고 갈지를 놓고 논쟁을 벌인다. 이때 둘은 첨예한 의

°   Jim Laue and Gerald Cormick, "The Ethics of Intervention in Community Disputes," in *The Ethics of Social Intervention*, ed. Gordan Bermat, Herbert Kelman, and Donald Warwick (Washington, DC: Halsted Press, 1979).

건 대립을 보인다. 그러다 예루살렘 공의회를 또다시 소집하는 대신 헤어지는 길을 택한다.(행 15:36~41) 아마도 이 갈등은 개인 대 개인 차원에서 다루어진 듯하다. 하지만 마태복음 18장의 기준에 따르면 그 과정은 그다지 건설적이지 않은 것 같다.(디모데후서 4장 11절의 뒷부분 참조)

적절한 공론장을 만들어야 한다는 원칙을 진지하게 받아들이고자 한다면 **과정 지향적인** 중요한 특성으로 확인된 몇 가지를 요약해 봐야 한다. 분별은 갈등의 본질을 이해하는 데서 드러난다. 갈등을 적절히 다루기 위해서는 대응 수준을 정해야 한다. 창의성은 유연성과 혁신을 위해 필요하다.

우리는 사람들이 문제를 이해하고 건설적으로 만나도록 돕는 최상의 잠재력이 있는 방안을 꾸준히 찾아야 한다. 그러려면 문제 해결 과정을 규정하는 일에 사람들을 개입시키는 방향으로 나가야 한다. 즉 내용과 과정 면에서 적절한 공론장을 찾고 주인 의식과 참여를 중시하라는 뜻이다.

3. 다양한 관점이 제시되게 하라: 예루살렘 공의회의 놀라운 측면 중 하나는 모든 관점이 발표되도록 진행한 세심한 절차다. 그 공의회는 의견을 같이하는 사람들만 모인 자리가 아니다. 오히려 누구나 자기 의견을 공개적으로 표명할 수 있도록 마련된 공론장이다. 그곳에서 사람들은 하나님께서 그들 가운데서 움직이시는 방식과 더불어, 그런 체험이 부각하는 차이를 공유한다. 그 자리에 중요

한 지도자들이 참석한다. 예루살렘 밖으로 나가본 적 없는 사람들도 거기에 있다. 바울과 바나바는 자기네 사역의 결실인 다른 지도자들을 데리고 온다.

공의회의 문제 해결 과정으로 되돌아가면 포용이라는 운영 원칙을 보게 된다. 그 회의에서 결정된 사항의 영향을 받는 사람이라면 누구나 참여할 수 있다. 창세기 1장, 마태복음 18장과 마찬가지로 사도행전 15장에서는 다양성의 가치를 언급하면서 하나님께서 개개인에게 말씀하시려는 바를 찾고, 합창처럼 각자의 자리가 주어져야만 온전히 들리는 소리를 듣는다.

4. 다양성을 입증하라: 사도행전 15장의 이야기에서는 바울과 바나바부터 예루살렘의 지도자들과 일반 교인들까지 모두에게 말할 기회가 주어진다. 중재 분야에서는 이를 일컬어 **다양성을 입증한다**라고 한다. 이 원칙은 앞의 두 원칙을 토대로 하며 다른 의견들을 들을 자리를 제공한다. 다양성의 입증에는 사람들이 말하고 듣는다는 가정이 깔려 있다.

감정이 고조되거나 갈등이 깊어질 때 말을 잘하고 경청하기란 쉽지 않다. 사람들의 정체성이 위협받기 때문이다. 사도행전 15장의 예루살렘 회의도 쉽지 않았다는 인상을 준다. 그 현장을 담은 영상이 있으면 좋겠다는 생각이 또 들지만 그런 자료는 없다. 부분적으로 들려주는 이야기가 있을 뿐이다. 그러니 나머지는 행간을 읽으며 채워 보자.

이 장의 제목에서 나는 사도행전 15장 12절 중 "온 회중이 조용히 하고 들었다"라는 짧지만 매우 중요한 구절을 언급했다. 그 구절이 나오기 전의 서술을 보면 소통하는 시간이 어느 정도 있지 않았을까 하는 생각이 든다. 아마도 그 회합은 반응과 반박의 말이 횡행하면서 시끄럽고 다소 혼란스러웠을 것이다.

말하자면 그 회합은 우리가 교회 예산을 논하는 연례 총회 같은 모임이다. 이를테면 아프리카 북동부 지역의 난민을 구제하기보다 주일학교 새 부속 건물을 짓는 일에 왜 그토록 많은 돈을 쓰려는지를 두고 논쟁하는 자리다. 사도행전 15장의 회합에서는 어느 시점에 회중이 "조용해졌다." 이 단계는 앞서 일어난 일들과는 질적으로 다르고, 바로 그런 이유로 사도행전의 저자는 침묵을 강조한다.

공동체의 맥락에서 다양성의 입증이란 사람들이 말하고 듣는 과정 가운데 하나님의 음성을 듣는 사회적 공간을 만드는 일이다.

5. 공동체 안의 다양한 재능을 활용하라: 예루살렘 공의회 내내 전개되는 이야기에서 어떤 사람들은 자리에서 일어나 말한다. 어떤 이들은 사역하면서 본 증거를 가져온다. 어떤 이들은 과거지사를 이야기한다. 하나님께서 그들 가운데서 어떻게 일하셨는지 말하는 이들이 있는가 하면, 성경 구절을 해석하는 이들도 있다. 어떤 이들은 어떻게 화합할 수 있을지에 관한 생각을 피력한다. 어떤 이들은 구체적인 결과를 얻는 방향으로 회의를 끌어간다. 회의 결과를 기록하는 이들이 있는가 하면, 그 자리에 참석하지 못한 사람들에게

회의 내용을 전달하는 이들도 있다.

공동의 이해에 도달하기 위해 시작하고, 지지하고, 만들어 가도록 돕고, 지속하는 일에 필요한 사람들과 다양한 재능이 공동체에서 나온다. 이는 교회를 한 몸으로 보는 바울의 시각과 일치한다. (고전 12~14) 바울은 협력하는 여러 신체 부위의 비유를 드는데, 다양성을 중시하고 공동의 목적과 이해를 추구한다는 강력한 통찰이다. 사도행전 15장의 이야기는 어떻게 그런 일이 가능한지 설명해 준다. 즉 다양성을 제공하고 공동의 이해를 추구하는 공론장을 만드는 과정을 보여 준다.

6. 결정을 내리고 실행하라: 이 이야기의 더 놀라운 측면 중 하나는 결론이다. 무엇을 말하고 무엇을 말하지 않는지를 보면 놀라울 따름이다. 성경에는 그들이 결론에 이른다고 나오는데, 그 내용은 향후 기독교의 발전과 확장을 보여 준다. 그것은 타협을 거친 결정으로 표현된다.

본질적으로 그들은 이런 결정을 내린다. "우리는 하나님께서 교회를 위해 계획하신 새로운 것들, 우리가 전통에서 예상하지 못한 것들을 인정한다. 우리 가운데서 움직이시는 하나님을 새롭게 이해하면서 그에 걸맞게 우리의 신념을 바꿀 것이다. 하지만 과거로부터 놓아 버리면 안 될 중요한 것들은 인정하고 그 내용을 형제자매들과 명백하게 공유한다."

이런 결정은 문제 해결 과정에 종지부를 찍는 단호한 조치다. 거

8_침묵과 경청: 사도행전 15장

기에는 '분석 마비analysis paralysis'(생각이나 분석이 지나쳐 결정을 내리지 못하는 현상-옮긴이)나 끝나지 않는 과정이 없고 실행 가능한 구체적인 결론이 있다.

회의의 끝이 어땠는지는 성경에 나오지 않는다. 하지만 궁금한 점들이 있다. 과연 모든 사람이 결론에 동의했을까? 그들은 모두 화목하게 잘 지냈을까? 어쩌면 누군가는 이렇게 말했을지도 모른다. "이럴 순 없어. 난 이 변화를 받아들일 수 없어."

성경에는 전체 합의에 따라 교회 지도자 몇 명을 뽑아 그들이 안디옥으로 돌아가는 바울과 바나바와 동행해 예루살렘 공의회에서 결정된 사항을 알리는 일을 돕게 했다고 나온다. (행 15:22~32, 21:25) 그때 그 결론에 동의하지 않아 교회를 떠난 사람에 대한 언급은 없다.

그런 과정에 참여한다는 게 언제나 합의에 도달하거나 완전한 동의와 만장일치가 존재한다는 것을 의미할까? 그런 상황은 상상이 가지 않는다. 어쩌면 예루살렘에서는 그런 일이 일어났을지도 모른다. 하지만 실제로는 결별한 사람들이 일부 있었으리라 추측한다. 그런 이가 소수에 불과하거나 어쩌면 더 많았을 수도 있다. 바울과 바나바는 마가를 데리고 가는 문제를 놓고 갈라선다. 어쩌면 그들 역시 유대 그리스도인이 이방 신자들과 함께 식사해도 괜찮은지를 두고 여전히 의견이 엇갈렸을 것이다. (행 15:39, 10:28, 갈 2:13)

마태복음 18장에서 확인된 원칙들을 진지하게 받아들이면 갈등을 더 명확하게 이해할 수 있다. 우리는 개인과 회중으로서 자기를 인식하고 서로 걱정 없이 소통하고 의견이 다를 때조차 정서적 접촉을 유지하는 기술을 배우고 훈련받아야 하는 소명이 있다.

사도행전 15장의 상황에서 그런 소명을 수행하는 사람이라면 바로 이런 자세를 취할 것이다. "당신이 가려는 방향에 동의하지 않지만 나는 공동체를 떠나진 않을 겁니다. 그렇다고 해서 내 방식을 채택하라고 강요하지도 않을 거고요. 서로 생각이 다르나 하나님께서 주신 큰 소명에 충실하도록 각자 노력하면서 관계를 유지하기로 합의합시다. 우리가 섬기는 방식에 대해서는 다른 길을 가더라도 교제는 지속합시다."

경청: 갈등의 영적 측면

이 이야기에서 갈등을 다루는 중요한 특징이 하나 드러난다. 나는 그것을 경청이라는 영적 훈련이라고 표현하겠다. 그 훈련의 이면에는 '하나님이 우리에게 어떻게 말씀하시는가'라는 대단히 흥미로운 문제가 있다.

기술적 차원에서 보면 우리는 경청을 의사소통 과정의 한 측면으로 바라볼 때가 잦다. 한 사람이 다른 사람에게 메시지를 보내고 싶어 한다. 그에 따라 전달되어야 하는 의도된 의미가 생겨난다. 의미는 흔히 말을 통해 어떤 양식으로 표현되어 메시지 형태를 띤다. 그 메시지가 상대방에게 인식되어야 하고, 이때 그 사람은 그 의미를 이해하려고 해석한다.

온전한 의사소통이 되려면 똑같은 과정이 역으로도 이루어져야 한다. 이처럼 기술적 측면만 봐도 복잡하다. 의사소통은 창조, 전송, 인식, 해석의 과정을 수반한다. 모든 게 잘 진행되면 한 사람이 말하고자 하는 바가 명확히 표현된다. 그러면 다른 사람은 그 말이 의도하는 바대로 인식하고 해석한다. 즉 서로 자신의 말을 전하고 상대의 말을 이해하는 것이다.

하지만 그런 원활한 소통이 늘 일어나지는 않는다는 점과 더불어, 갈등이 한창 거세질 때는 소통이 훨씬 어려워진다는 사실을 우리는 알고 있다. 심지어 갈등 중에는 상대편의 말을 듣기도 전에 그가 말하려는 바를 안다고 여긴다. 상대편 메시지에 이미 동기를 부여했기 때문이다. 상대편이 말을 끝내기도 전에 반응할 때도 잦다.

그런 역학 때문에 우리는 참뜻을 말하거나 상대방의 참뜻을 듣기가 어려워진다. 따라서 오해하고 무력감이 커지는 악순환이 발생한다. 우리 중 누구도 상대가 내 말을 듣고 있다는 느낌을 받지 못할뿐더러 내가 말을 제대로 하고 있다는 느낌도 들지 않는다. 상대가 내 말을 듣고 있지 않다고 느낄 때는 무시당하고 거부당하고 모욕적인 기분이 든다. 이런 상태가 계속되면 상대가 내 말을 듣도록 점점 더 심하게 강요하거나 아니면 자기 보호를 위해 물러설 공산이 크다.

갈등전환 분야에서는 갈등을 건설적으로 다루려면 이 악순환을 끊어야 한다고 가르친다. 따라서 하나의 기술이자 기량으로 경청의 필요성을 강조한다. 의사소통 및 상담 기법 측면에서도 갈등이 일어났을 때 주요 접근 방식은 경청이다. 그러므로 우리는 경청을 적용한 바꿔 말하기paraphrasing 과정, 즉 **적극적 경청**active listening을 배워야 한다.

적극적 경청은 실용적이고 유용한 방법이다. 경청을 적용한 기법으로서의 바꿔 말하기는 다른 사람이 말한 내용을 자신의 언어로 다시 표현하는 것을 의미한다. 바꿔 말하기는 의사소통의 역학을 변화시킨다. 그리고 소통하는 속도를 늦춰 준다. 그러는 사이에 우리는 상대방의 말이 정말로 그런 뜻인지, 상대방이 말하려는 바를 온전히 이해했는지 확인한다. 이는 자신이 상대방의 말을 이해하고 자신의 말이 상대방에게 이해되는지에 관심이 있다는 사실을 보여 주는 행위다.

우리는 직감과 본능적 반응에 의존하는 대신 바꿔 말하기를 하면서 잘못된 의사소통의 고리를 끊기 위해 노력해야 한다. 의견 차이를 다루려고 하기 전에 서로 이해하고 있는지를 확인해야 한다.

나는 이 과정을 계속 관찰해 왔다. 바꿔 말하기가 개인이 자연스

8_침묵과 경청: 사도행전 15장

럽게 발휘할 수 있는 기술 중 하나이거나 잘됐을 때 사람들은 눈치 채지 못한다. 사람들은 자기 얘기를 들어주길 바라기 때문에 누군가 가 건설적인 소통을 할 만큼 신경을 써 주면 곧잘 감사함을 느낀다.

그러나 세미나에서 이 기술을 가르칠 때 나는 그 기교에 반발이 일어나는 현상도 봤다. 사람들은 의례적인 말을 싫어한다. 가령 '지금 하신 말씀은…'이라고 길게 늘어놓는 말은 진정성이 없는 것처럼 들린다. 사람들은 자기 말을 상대방이 앵무새처럼 따라 하거나 만만하게 '심리학적으로 분석'하면 반발한다.

이런 반응을 보면서 우리는 더 깊은 차원의 연결을 돕는 통찰을 얻는다. 사람들을 짜증 나게 하는 것은 목적과 태도에 깔린 인식이다. 기법은 도구에 지나지 않는다. 그것은 좋게 쓰일 수도 있고 나쁘게 쓰일 수도 있다. 중요한 것은 직감으로 알기 마련인데, 기법의 밑바탕은 바로 영혼의 본성과 자질이다. 진정한 경청은 영적인 과정과 연결된다. 각기 다르지만 연관된, 이 심오한 과정의 세 가지 양상을 살펴보자.

경청은 영적 훈련이다: 기법으로서의 경청은 기술과 기량이 필요하다. 그 기법을 적용하려면 훈련도 필요하다. 하지만 남을 돕는 직종에서 그 기법을 잘 연마했더라도 그 자체로 진심 어린 경청이라는 깊은 차원으로 이어지지는 않는다. 예를 들면 나는 단순히 상대방에 대한 정보를 얻기 위해 그 기법을 쓸 수 있다. 하지만 더 깊은 차원에 이르는 것은 내가 상대방에게 마음을 쓰면서 소통하느냐에 달렸다.

좀 더 성서적으로 표현하면 경청은 진정한 사랑에서 샘물처럼 솟아나는 영적 훈련이다. 내가 말하는 사랑은 **아가페**agape의 의미인 자기희생적 사랑이다. 오늘날에는 진정한 보살핌이라고 하면 이해가 더 잘 될 것이다. 나는 상대방과의 관계 속에서 보살핀다. 상대방의 경험과 여정에 관심이 있다. 상대방을 한 사람으로 보고 마음을 쓴다. 거기에는 개인적 위험도 따른다. 상대방을 적극적으로 보살피고 진정한 소통을 추구하는 가운데 내 경험과 여정이 영향을 받고 형성될 것이다. 나는 상대방과 나에 대해 뭔가를 배울 것이다.

경청은 기도와 같다: 이제 흥미로운 두 번째 생각을 살펴보자. 영적 훈련으로서 경청을 추구하려면 우리가 어떤 것을 들을 때 하는 일을 재구성해야 한다. 재구성은 어떤 것을 관련지을 때 의미를 창조하고 다른 것과 연관시키면 의미가 달라진다는 생각에 기초한다.**o**

나는 "아이 돌봄babysitting"에 대한 아들의 반응을 곧잘 예로 든다. 조슈아는 누나 앤지가 학교에 가 있는 동안 일주일에 몇 시간씩 이웃집에 맡겨져 돌봄을 받았다. 조슈아는 그 경험을 부정적으로 생각했다. 우리가 "아이 돌봐 주는 분 집에 가자."라고 하면 조슈아는 반항했다. 조슈아에게 "아이를 돌봐 준다"라는 말은 아이가 버려져

---

o   Paul Watzlawick, et al., *Change: Principles of Problem Formation and Problem Resolution* (New York: Norton, 1974).

낯선 이의 집에 가는 것을 의미했고, 네 살짜리 아이의 머릿속에 온 갖 이미지가 떠올랐을 것이다.

조슈아의 저항에 대처하기 위해 우리는 아이가 떨어져 있는 시간 과 장소를 "학교"라고 하고 아이 돌보는 분을 선생님이라고 불렀다. 그러자 조슈아는 그 집에 가는 것을 누나가 학교에 가는 것과 연관 지으며 만족해했다. 그 뒤로 그 경험은 긍정적인 의미를 지니게 됐 다. 똑같은 일이라도 다른 일과 연관지으니 의미가 달라졌다.

경청도 마찬가지다. 경청에 대해 기술적으로 배운 것은 대개 전 문 직종과 관련되어 있다. 내가 생각하기에 우리는 경청을 한정적이 고 쓸데없이 피상적인 것과 결부하는 경향이 강하다. 그러므로 경청 을 주로 기법으로 이해하는 것은 놀라운 일이 아니다. 나는 기도가 경청에 가장 가까운 성서적·영적 현상이라고 믿는다. 이 장의 목적 은 기도가 의미하는 모든 것을 탐구하고 밝혀 보려는 게 아니다. 하 지만 갈등과 화해에 대해 생각하는 상황에서 고려할 특성이 많다.

나는 기도가 하나님과의 관계와 대화를 포함한다고 이해한다. 기 도는 현재 진행형이다. 나는 내 마음을 차지하는 것을 받아들이고, 하나님께서 내게 주신 것을 깨치려고 한다. 하나님께서 내게 주신 것은 깨치는 과정을 통해서만 발견할 수 있다. 바쁜 일상과 마음속 에 떠다니는 수많은 소음과 불평의 소리를 한곳에 묶어 놔야 한다. 그래야만 집중할 수 있고 내 안에 들어온 하나님의 음성을 듣고 인 식할 수 있다.

160

기도는 세심하게 깨닫는 태도와 훈련을 포함한다. 내게 세심한 깨달음이란 주의를 기울여 가장 평범하고 일상적으로 보이는 것들에서 하나님의 임재를 찾는 일이다. 훈련은 한결같은 의지가 필요하다는 사실을 암시한다. 실행에 신경을 써야 한다. 그러지 않으면 기도는 시작되지 않는다.

관계와 사랑의 욕구는 세심한 깨달음과 훈련을 지탱해 준다. 기도에서 말이나 정형화된 표현은 그리 중요하지 않다. 기도는 관계와 사랑을 바탕으로 한 세심한 깨달음과 훈련이다. 그 결합에서 소통, 투명성, 이해의 여지가 생긴다. 그것들을 실천할 때 진정한 경청이라 할 수 있다.

경청은 하나님을 찾는 것이다: 기도와 경청이 영적 훈련이라는 생각은 진정한 경청이 하나님을 찾는 일이라는 발견으로 이어진다. 우리가 갈등을 어떻게 이해하는지 그 맥락을 살펴보고 있다는 점에서 상당히 놀라운 사실이다. 갈등 상황은 종종 시끄러운 소리와 더불어, 말없이 거리를 두는 시간으로 채워진다. 이런 상황에서 하나님을 찾는 일이 어떻게 가능할까? 원수의 말을 듣는 것을 어떻게 신성하다고 이해할 수 있을까? 그러려면 적어도 두 요소가 결부된 과정이 필요하다.

첫째, 앞서 창세기를 논할 때 서두에서 언급했듯이 모든 사람 안에는 '신성'이 있다. (4장 참조) 둘째, 우리가 인식하든 못 하든 간에 하나님은 역사하시고 우리에게 각각 말씀하신다. 이는 간단하면서도 심오한 결론으로 이어진다. 다른 사람의 이야기를 듣고 진정으로 이해하려고 노력하는 자리를 마련하라는 것이다. 그렇게 우리는 하나님이 말씀하시는 내용, 현재 행하시려는 일과 접촉할 기회를 만들도록 서로 돕게 된다.

나는 이를 "예언자적 경청prophetic listening"이라 칭했다. 엘리스 볼딩Elise Boulding에게서 처음 들은 개념이다. 갈등을 겪는 동안 말하는 예언자가 많다. 그것도 꽤 큰 소리로 말이다. 사람들은 진실이 자기 전유물인 양 소유권을 주장한다. 경청하는 예언자는 거의 없다. 하지만 내가 보기에 예언자적 경청은 하나님께서 말씀하시는 내용으로 접촉하도록 돕는 방식으로 타인과 함께 듣는 훈련이다. (고전 14:29, 살전 5:20~21)

이런 의미에서 예언자적 경청은 우리가 귀를 기울이는 사람과 함께 여행을 떠나는 것과 같다. 이런 경청은 어떤 것으로도 대체할 수 없다. 경청은 우리가 하나님 진리의 방향과 임재를 느낄 수 있도록 돕는다.

교회에 미치는 영향

≪≪≪

지금까지 설명한 것은 모든 차원의 갈등에 대해 생각하고 반응하는 방식에 지대한 영향을 미친다. 크든 작든 교회와 관련된 불화와 논쟁에 대해서는 특히 더 그렇다. 경청을 영적 훈련으로, 기도로, 하나님을 찾는 행위로 이해한다면, 그때가 하나님께서 타인을 통해 우리에게 말씀하신다는 것을 인식하는 순간이다.

하나님의 말씀을 듣는 능력은 갈등을 겪고 있을 때 서로의 말을 듣는 능력만큼이나 대단하다. 말 그대로다. 우리가 진정한 경청 능력을 시험하게 되는 상황은 쉬울 때가 아니라 아주 어려울 때다. 경청은 의사소통을 향상하기 위해 고안된 기법을 초월하는 능력이다. 경청은 관계의 과정과 연관되어 있으며 진실을 약속하고 하나님을 발견하는 것이다.

사도행전 15장에 내포된 교회의 중요성은 이루 말할 수 없을 정도다. 사도행전 15장에 나오는 절차는 우리가 사랑하는 공동체가 노력의 결과가 아니라는 시각을 제공한다. 공동체는 소통과 성장의 역동적인 과정이다. 갈등은 평화로운 삶에 방해가 되지 않으며 방해물이라고 볼 수 없다. 갈등은 계시를 받는 장을 제공한다.

화해는 우리가 도달하려는 장소이자 함께 떠나는 여행으로 이해할 수 있다. 사도행전 15장은 이런 생각의 살아 있는 본보기를 제시한다. 갈등은 하나님께서 우리에게 말씀하시는 장을 제공한다. 이런 일은 우리가 경청을 기도와 같은 영적 훈련으로 이해하고, 하나님을 찾는 여정에 참여할 때 일어난다.

화해가 곧 복음이다: 바울 서신

메노나이트 대학에서 강의하던 때 동료 중 한 사람이 메노나이트 교인 몇 명과 나눈 이야기를 들려주었다. 그 교인들은 동료에게 이런 질문을 했다고 한다. "메노나이트 교회와 교육 기관들은 언제쯤 평화 문제에 호들갑을 그만 떨고 복음을 전할 건가요?"

"당신이라면 이 진심 어린 걱정에 뭐라고 대답하겠습니까?" 동료는 궁금하다는 표정으로 내 대답을 기다렸다.

"아마 저는 그 답을 줄 적임자가 아닐 겁니다." 내가 대답했다. 내 답변이 그 형제자매들이 듣고 싶어 하는 말이 아니라는 것을 알기 때문이었다.

"질문에 대한 제 첫 번째 대답은 '화해가 곧 복음이다'거든요."

하나님 사명의 목적

◀◀◀

앞에서 다양한 이야기를 소개하고 논하면서 나는 화해가 여정이라고 말했다. 이 여정에서 우리는 하나님과 타인과 자신을 만난다. 나는 그런 여정이 복음의 정수라 믿는다. 복음은 인류를 위하고 인류와 함께하려는 하나님의 뜻 한가운데에 있다.

기독교계에서는 화해를 개인의 신앙, 고백, 회심의 근원에서 나오는 부수적인 이점이나 자연스러운 결과물로 여기기 일쑤였다. 이런 관점으로 보면 화해는 올바른 믿음의 산물이다. 하지만 나는 화해를 여정으로 봐야 더 잘 이해할 수 있다고 주장한다.

그런데 화해를 여정으로 이해하려면 우리의 생각과 행동을 좀 바꿔야 한다. 화해를 부산물이 아니라 여정으로 보는 것은 화해가 핵심일 뿐 아니라 이 세상에서 하나님이 어떤 분이시고 어떻게 존재하시는지를 정의하는 모델이라는 의미다.

나는 화해를 하나님이 역사 속에서 하시는 일을 우리가 보고 이해하는 데 중심이 되는 체계적인 목적이자 사명으로 바라본다. 아울러 하나님이 전체 역사에서 함께하고 행동하기로 선택하신 방식이 화해의 방법론을 보여 준다고 믿는다. 우리의 사명은 만물의 화합을 위해 일하시는 하나님과 하나가 되어 모든 피조물, 특히 관계가 깨지고 멀어진 인류를 화해시키는 것이다. 이게 바로 땅 위의 모

9_화해가 곧 복음이다: 바울 서신

든 족속이 복을 받도록 예정하신 "만물의 회복"이다. (행 3:20~26, 골 1:20)

화해의 방법론은 하나님의 사명이 이 세상에 드러나는 방식이다. 즉 말씀이 육신이 되는 성육신을 통해 생겨나는 것이다. 이런 이유로 평화, 정의, 화해를 이루는 일은 소수를 위한 여흥거리가 아니다. 화해는 복음의 핵심으로 들어가 복음을 전하기 시작하는 일이다.

이번 장에서는 이 여정의 본질과 하나님 사랑의 특성을 고찰하려 한다. 그럼, 십자가를 통해 만물을 화합한 그리스도에 대한 바울의 시각을 살펴보면서 논의해 보자.

만물이 하나가 되다

바울은 골로새 교회에 보내는 편지에 그리스도 안에서 만물이 하나가 되고 하나님께서 그리스도를 통해 만물을 하나님과 화해시켜서 기뻐하셨다고 썼다. (골 1:17, 20) 에베소 교인들에게 보내는 편지에는 십자가를 통해 그리스도께서 사람들을 적대감으로 갈라놓는 담을 허무셨고 자기 안에서 하나의 새 사람으로 만들어 사람들끼리 화해시키고 하나님과도 화해시키셨다고 썼다. (엡 2:13~14)

우리는 일반적으로 화해라는 용어를 속죄에 관한 신학적 논점으로 이해하고 속죄가 거룩한 삶으로 이어진다고 이해해 왔다. 아울러 속죄를 십자가 위에서 죽음으로써 창조주 하나님 앞에서 우리 죄를 대속한 예수의 희생 행위로 보는 경향이 있다. 이처럼 속죄는 죄를 씻는 의례적 행위로 여겨지며 종종 개인과 하나님의 관계로 개별화된다. 십자가에 매달린 그리스도의 피로 빚지고 죄 많은 인간이 하나님과 화해하게 된다는 것이다. 이때 거룩함은 난잡하고 사악하고 죄 많은 모든 것에서 떨어져 자신의 순수성을 지켜내는 것을 의미한다.

하지만 아이러니하게도 이런 생각은 속죄와 거룩함뿐만 아니라 하나님 사명의 본질에 대한 편협한 이해에 일조한다. 그러니 바울의 과감하고 대담한 시각을 활용해 우리의 시야를 넓혀 보자. 바울은 하나님의 목적과 사명이 만물을 화합하게 하는 것이라고 말한다. 이게 바로 화해의 비전이다. 화해는 복음의 핵심이다. 하나님께서는 찢어진 것을 꿰매고 치유하려고 우리를 향해 나아오신다. 하나님의 사명은 화해다.

출발점이자 기준점이 되는 이런 시각은 속죄와 거룩함에 대한 우리의 이해를 바꿔 놓는다. 그리고 하나님이 역사 속에서 하시는 일에서 우리의 역할, 세상에서 우리의 위치, 사명에 대한 더 도전적인 사고방식을 재검토하고 발전시키도록 우리를 자극한다.

바울의 시각에서 보면 속죄는 단순히 개인의 빚을 갚는 희생을 의미하지 않는다. 속죄가 화해와 치유의 개인적·사회적·정치적 과정이라는 점이 훨씬 강조된다. 거룩함은 순수함을 지키는 경계를

9_화해가 곧 복음이다: 바울 서신

우려하면서 밀고 나가는 것이 아니다. 오히려 모호한 상황 속에서도 현실의 문제와 관계에 머무르기로 마음먹고 하나님의 화해하는 사랑을 구현하는 사람들을 통해 실행된다.

하나의 신인류

우리의 사명인 화해라는 렌즈를 끼고 에베소서 2장 11~22절을 다시 읽고 생각하면서 바울의 시각을 더 자세히 살펴보자. 바울은 사이가 갈라지고 멀어진 두 민족을 거론하며 이렇게 썼다.

여러분이 전에는 하나님에게서 멀리 떨어져 있었는데, 이제는 그리스도 예수 안에서 그분의 피로 하나님께 가까워졌습니다. 그리스도는 우리의 평화이십니다. 그리스도께서는 유대 사람과 이방 사람이 양쪽으로 갈라져 있는 것을 하나로 만드신 분이십니다. 그분은 유대 사람과 이방 사람 사이를 가르는 담을 자기 몸으로 허무셔서, 원수 된 것을 없애시고, 여러 가지 조문으로 된 계명의 율법을 폐하셨습니다. 그분은 이 둘을 자기 안에서 하나의 새 사람으로 만들어서 평화를 이루시고, 원수 된 것을 십자가로 소멸하시고 이 둘을 한 몸으로 만드셔서, 하나님과 화해시키셨습니다. (엡 2:13~16)

168

바울은 갈라서서 원수가 되고 멀어져서 남남이 된 민족들을 언급하면서 이야기를 시작한다. 하지만 적대감으로 갈라놓는 담은 그리스도로 인해 허물어졌다. 한때 원수였던 사람들이 이제는 그리스도 안에서 화해하여 신인류가 되었다. 여기서 나는 화해의 두 가지 특성을 짚으려 한다. 둘 다 특별히 의례적이지도 않고 상징적이지도 않다. 문자 그대로 자연스러운 특성이다.

첫째, 바울은 본문 전체에 걸쳐 원수가 된 민족들에 대해 언급한다. 그 맥락을 보면 유대인과 이방 사람이라는 원수지간이 나오는데, 이는 르완다의 후투족과 투치족, 북미의 선주민과 유럽계 사람, 나이지리아의 기독교인과 무슬림과 다를 바 없다. 이들은 서로 계속 살상해 왔기에 위협과 불의, 분리를 느끼며 첨예하게 대립하는 동일한 양상을 보인다. 본문 전체에 걸쳐 이들은 개인이 아니라 무리로 언급된다. 화해의 결말은 두 집단이 화합하여 하나의 신인류가 탄생하는 것이다.

속죄는 이 본문에 나오는 내용 그대로 집단이 겪는 역동적인 과정이자 갈등의 골이 깊은 진짜 원수들이 화해하는 여정이다. 애초부터 그리스도는 수 세기 동안 증오의 씨앗이 싹트고 뿌리를 내린 땅을 일군다. 북아일랜드 출신의 좋은 동료 조 캠벨Joe Campbell은 "통한과 분노를 만들어 내는 토양을 반드시 갈아야 한다."라고 했다. 이런 경작은 동시에 일어나는 개인적·사회적·정치적 과정이지, 단순한 개인적 사건이 아니다.

둘째, 바울은 그리스도를 새로운 관계를 만드는 사람으로 그린다. 문자 그대로 자연스러운 성격을 띤 그 표현에 놀라움을 금치 못하겠다. 예수의 삶에서 거룩함이란 무엇보다도 사람들과 그들의 고통 그리고 새로운 관계 형성을 향해 끈기 있게 나아가는 행동이다.

이 본문에서 바울은 그리스도를 통해, 적대감의 경계를 넘어 손을 뻗은 한 사람을 통해, 그의 육신과 인격을 통해, 원수들이 만나고 하나가 되었다고 선언한다. 그리하여 그들은 신인류가 되고 새로운 관계를 만든다. 여기서 우리는 사명을 수행하는 방법론의 가장 필수적인 부분을 발견한다. 그것은 관계 속으로 들어가는 행동이다.

하나님의 목적이라는 관점에서 볼 때 예수 그리스도가 보인 모범은 명확하다. 사회적 분열을 넘어 관계를 맺는 여행을 감행하는 사람들을 통하지 않고 화해를 추구하기란 불가능하다. 그들은 이런 방식으로 하나님의 화해하는 사랑이 드러나도록 돕는다. 달리 말하면 적대감의 경계를 넘어 다가가는 사람들을 통해 원수들 사이에 새로운 관계가 형성될 수 있다.

순수보다는 화해

—◀◀◀—

수 세기가 지나는 동안 내가 속한 메노나이트 교단을 비롯해 일부 그리스도인은 "우리는 세상에 있으나 세상에 속하지 않는다"(요

17:11, 16)라는 신조로 속죄와 거룩함을 구현하기로 했다. 우리가 이 성경 구절을 사용하는 것은 불순응^{nonconformity}이라는 개념을 지지하기 위해서다. 우리는 이 개념이 주변의 압력에 순응하기보다 하나님 나라의 기준과 윤리에 따라 살기로 선택한다는 의미라고 설명한다. (롬 12:2도 참조)

실제로 그 개념은 세속을 떠나 뒤로 물러서 우리 공동체를 세상으로부터 격리하는 양상으로 적용될 때가 잦았다. 우리는 거룩함에 관심을 두기에 타락하거나 잘못될 확률을 낮추기 위해 주변 환경을 통제하려고 노력한다. 실상은 우리가 그 신조에서 "세상에 속하지 않는다"라는 부분에 방점을 찍은 것이다.

그러나 아이러니하게도 하나님께서는 예수를 통해 이 신조에서 "세상에"라는 부분을 강조하며 속죄와 거룩함에 접근하신 듯하다. 이 세상은 어지럽고 폭력적이고 망가진 곳이다. 하나님의 모범 자녀인 예수는 확연히 다른 방향을 제시하기 위해 이 세상에 필요한 존재였다. 그 모습은 사람들이 행동하고 지속하는 방식과는 뭔가 달랐다. 하나님이 예수를 통해 보이신 모범에 따르면, "세상에 있으나 속하지 않는다"라는 말은 인간의 각종 문제를 **향해** 나아가 그 혼란 속에서 살기로 선택한다는 의미다. 하나님의 화해하는 사랑을 선택한 모습은 그렇게 알 수 있다.

그런 관점에서 보면 속죄와 거룩함은 올바른 의례를 제정하거나 단지 개인의 순수성을 유지하는 게 아니다. 속죄와 거룩함은 관계

171

속으로 들어가, 하나의 신인류가 생겨날 여지를 만들어 주는 역동적인 사회적 과정을 시작하는 일이다. 이게 바로 하나님이 계획하신 사명이자 그리스도가 보인 모범이므로 우리는 뿌리 깊은 분열과 분리를 겪는 사람들을 향해 그리고 그들과 더불어 떠나는 여행을 선택한다.

진정한 속죄

나는 바울의 시각이 우리를 단순하고도 도전적인 결론으로 이끈다고 생각한다. 결론은 하나님이 만물의 화합을 위해 일하신다는 것이다. 그 목적은 사람들을 치유하고 서로 화해시키고 하나님과도 화해하게 하는 것이다. 하나님의 사명은 곧 우리의 사명이기도 하다. 우리에게 똑같은 화해의 사역이 주어졌다. (고후 5:18~20)

바울이 언명한 이 사역은 단지 개인을 구원하는 문제가 아니다. 그것은 분열을 직시하고 사람들이 타인은 물론 하나님과의 관계를 회복하게 하는 일이다. 개인과 개인, 집단과 집단을 갈라놓는 적대감의 담을 허물고 다리를 놓아 화해하게 하는 하나님의 사명에 함께하는 일이다.

진정한 속죄와 거룩함이란 우리 삶에서 하나님의 화해하는 사랑을 실현하고 지구상의 깨어진 공동체들을 치유하는 여정에 참여하는 것이다. 우리의 사명은 만물이 하나가 되는 길을 걷는 일이다.

페드리토의 꿈

우리는 위대한 약속과 도전, 고통을 선사받은 새로운 세기에 진입해 급변하는 시기를 살고 있다.

베를린 장벽이 말 그대로 무너지고 비폭력 행동으로 '아랍의 봄' 혁명이 일어났을 때와 같은 다양한 순간에 우리는 이런 질문을 했다. "평화의 꿈이 정말 이루어질까?" 때로는 밝은 전망과 축하의 분위기가 감돌기도 했다. 시인 로버트 프로스트가 쓴 "담장을 좋아하지 않는 뭔가가 있다"라는 시구가 우리 마음을 흔들어 놓는 것을 누구나 느낄 수 있다. 이런 시대에서 우리는 어쩌면 평화가 유토피아적 꿈이 아닐 수도 있다고 생각한다.

그러나 또 한편으로는 걸프전, 9.11, 아프가니스탄 침공, 르완다와 시리아에서 빚어진 학살 등이 일어나는 동안 헤아릴 수 없는 폭력이 난무하는 것을 경험하기도 했다. 텔레비전과 신문 여기저기서 속보가 뜨면 우리는 할 말을 잃고 멍하니 서 있다. 현대적인 화려함, 완전한 힘, 첨단 기술을 갖춘 죽음의 기계가 우리의 눈을 사로잡으면서 보고도 믿지 못하게 만들고 상상력을 자극한다. "평화의 꿈은 어떻게 된 거지?" 우리는 서로에게 더듬더듬 간신히 말해 보지만 목

9_화해가 곧 복음이다: 바울 서신

소리가 전쟁의 소음 속에 묻히고 만다. 우리는 승리를 부르짖는 아우성을 들으며 과거의 실패에 대한 속죄로 아군을 지지한다. 그러다가 쥐 죽은 듯 조용해지면서 평화의 꿈은 비현실적이고 무효가 돼버린다. 우리는 소말리아, 르완다, 아프가니스탄, 콩고민주공화국, 시리아 그리고 우리가 사는 마을과 도시에서 이루 말할 수 없는 잔학 행위가 벌어지는 광경을 지켜본다. 이런 폭력은 감각을 마비시켜 우리를 무감하고 무심하게 만든다. 꿈을 꾸기 어려운 시대다.

니카라과의 친한 친구들에게서 들은 말이 생각난다. 우리는 애초 중앙아메리카 평화계획에 따라 조직된 지역 평화위원회들의 몇몇 핵심 지도자와 워크숍을 진행하고 있었다. 함께 있는 동안 친구들은 자신의 중재 업무 이야기를 들려주기 시작했다. 페드리토^{Pedrito}도 그중 하나였다.

페드리토는 정규교육을 거의 받지 못했지만 2000명이 넘는 **농장 노동자**를 대표해 선출된 협동조합 운동 지도자였다. 그는 닷새 이상 걷거나 혹은 말을 타고 산악 지대를 이동해야 하는 문제와 어려움을 토로했다. 그는 무기를 내려놓지 않는 이들을 찾아다니며 가교 역할을 하면서 그들에게 산에서 내려와 원수들과 대면하도록 권장했다. 그러고는 닷새를 걸어 돌아와 정부 관료들과 군 장교들에게 반대 세력의 지도자들을 만나 보라고 권장했다.

나는 친구들에게 왜 이렇게 위험한 일을 떠맡았는지 물었다. 그때 페드리토가 이렇게 답했다. "우리 모두 평화를 바라잖아요. 우리는 복음을 전하는 사람들이고, 화해의 사역이 주어졌어요. 그게 우리 일이고, 책임이죠."

어느 날 오후, 우리는 마나과의 뜨거운 태양 아래에서 점심을 먹고 있었다. 페드리토가 호텔 정비 직원에게 자루를 하나 달라고 부탁했다. 그러고는 우리 머리 위로 솟은 거대한 과나카스테 나무에서 베란다로 떨어진 커다란 꼬투리들을 자루에 가득 담았다. 내가 뭘 하느냐고 묻자 그가 대답했다. "제가 사는 지역에 벌목으로 산림이 파괴되는 문제가 있어요. 그래서 이 씨앗들을 주민들에게 가져다주고 싶어요. 정작 여기선 씨앗을 원하는 사람이 없는 것 같군요."

과나카스테 씨앗이 담긴 커다란 흰 자루를 등에 지고서 버스 정류장 쪽으로 걸어가던 페드리토의 모습을 나는 잊지 않을 것이다. 그 씨앗 자루는 그의 고향 사람들의 꿈을 상징했다. 또한 사람들 간의 갈등을 중재하는 가교가 되어 줄 뿐만 아니라 만물에 관심을 쏟고 하나님께서 주신 것을 세상에 되돌려주는 화해 사역이 구현된 것이었다. 성경에도 정의의 열매는 평화를 이루는 사람들이 평화를 위하여 그 씨를 뿌려서 거두어들이는 열매라고 나온다. (약 3:18)

페드리토는 꿈꾸는 사람이다. 그는 자신의 고향 니카라과의 현실에 발을 디디고 머리는 구름 위에 두었다. 그는 상황이 달라질 수 있다고 꿈꾸며 하루하루 살아간다. 우리는 저마다 자신이 가는 길에 과나카스테 씨앗이 든 큰 자루, 꿈이 담긴 자루를 지고 날라야 한다.

9_화해가 곧 복음이다: 바울 서신

샘 도의 꿈

~««~

몇 년 전, 나는 일하고 가르치면서 샘 도Sam Doe에게 배우는 큰 특권을 누렸다. 라이베리아 출신인 샘은 민족 간의 싸움과 폭력으로 얼룩진 오랜 세월 동안 평화 세우기의 토대를 마련하려고 노력해 왔다. 샘은 라이베리아 내전에서 흔히 볼 수 있는 소년병들을 위해 일하게 된 이야기를 들려주었다.

샘은 라이베리아 기독교보건협회Christian Health Association of Liberia와 함께 여러 차례 워크숍을 진행했다. 그 협회는 전쟁에서 이 진영 혹은 저 진영을 위해 전사가 된 아이들을 돕는 일을 시작했다. 샘은 코트Korte라는 이름의 한 소년에 관해 이야기했다. 코트는 어린 나이에 전사 대열에 끼게 되었다. 소년병들은 아홉 살에서 열두 살 때 군대에 끌려가서는 그들이 자란 지역과 마을로 다시 보내져 그곳에 있는 것을 모조리 파괴하라는 임무를 받는 경우가 많았다.

군 지휘관들은 소년들의 마음속에 충성심을 불러일으키기 위해 그런 끔찍한 만행을 저지르도록 명했다. 나중에 이 소년들은 자신의 안전과 생명과 미래를 지역 민병대에 맡길 수밖에 없었다. 코트는 열 살 때 그런 신세가 되고 말았다.

샘이 코트를 만났을 때 코트는 난민촌에 있었고 최근에 겪은 폭력과 지속적으로 투여된 약물 때문에 환각을 경험하고 있었다. 샘은 매일같이 코트를 도왔다. 코트는 자신을 폭력으로 몰아넣는 환영과 환청에 시달렸다. 코트는 자기 할머니가 그런 일을 시킨다고 말했다. 샘은 코트에게 환영을 볼 때마다 자기를 찾아와야 한다고 일렀다. 샘이 폭력적인 대립 상황에 대처하면서 코트가 현실로 돌아오도록 돕는 일이 수없이 반복됐다.

그러던 어느 날, 샘이 일주일간 이웃 나라인 아이보리코스트를 다녀와야 할 일이 생겼다. 일주일 뒤에 돌아온 샘은 동료들에게서 코트가 죽었다는 소식을 들었다. 불과 며칠 전, 코트가 심한 환각 상태로 사무실로 왔다고 한다. 코트는 자신이 아프리카 서해안 지역 왕의 아들인 왕자라고 주장하면서 아버지가 자신을 집으로 돌아오라고 한다고 말했다. 그러고는 몇 시간도 안 되어 근처 바닷가의 파도를 헤치고 걸어 들어가 익사했다. 어른들의 전쟁에서 6년간 총을 들어야 했던 코트는 열여섯의 나이에 그렇게 세상을 떠났다.

샘은 너무나 큰 충격을 받은 나머지 사무실에서 나와 곧장 집으로 갔다. 그러고는 몇 시간 뒤 불과 며칠 전 코트가 자살한 바닷가로 향했다. 그곳에서 샘은 깊은 분노와 절망감에 몸부림치는 자신을 발견했다. 처음에는 동료들에게 화가 났다. "왜? 대체 왜 코트를 말리지 않았어?" 동료들이 거기에 있기라도 한 듯 그들을 향해 소리를 질렀다.

샘은 자신에게도 화가 나서 소리쳤다. "도대체 나는 왜 아이보리코스트에 간 거지? 왜 그냥 집에 있지 않았을까?"

그러고 나서 샘은 자신이 하나님을 향해 울부짖고 있다는 것을 깨달았다. "하나님은 왜 작은 아이를 만드시고는 그 애가 그런 폭력과 악의 손아귀에 들어가게 두셨나요? 코트에게 가장 필요한 순간에 하나님은 대체 어디에 계셨나요?"

샘은 몇 시간 동안 해변을 따라 걸었다. 슬픔과 분노의 눈물이 교차했다. 그렇게 긴 오후가 지나고 샘의 마음속에 앞으로의 시간과 나날, 평생을 쭉 이어 갈 새로운 신념이 생겼다. "앞으로 어린 소년병들을 돕는 일에 일생을 바쳐 이 폭력의 광기가 우리나라를 파괴하지 못하게 지켜 내고 말 테다."

내가 샘을 처음 만났을 때부터 그는 늘 자신의 꿈을 들려줬다. 언젠가는 라이베리아에 정의, 평화, 화해가 뿌리를 내리고 자라날 것이라는 꿈이었다. 그 후로 샘은 조국 라이베리아를 포함한 서아프리카 전역을 다니며 평화 세우기, 트라우마 치유, 소년병을 돕는 일과 관련된 세미나를 진행했다. 바닷가에서 절규하던 날, 가혹한 현실과 절망의 바다에서 꿈의 씨앗이 싹튼 것이다.

샘은 너무나 많은 피와 고통으로 얼룩진 조국의 흙 속에 발을 깊이 담그고 있다. 그리고 머리를 구름 위에 두고서 화해의 가능성을 굳게 믿으며 화해를 실현하는 일에 전 생애를 바치겠다고 결심했다.

내 마음속에 이런 의문이 이어진다. 우리도 샘이 직면한 질문들을 똑같이 마주하고 있지 않은가? 신앙인인 우리는 어떤 꿈을 갖고 있나? 만물이 화합하는 화해의 꿈은 과연 불가능한 것인가? 우리의 꿈과 신념은 오늘날의 숱한 도전 앞에서 변화의 힘을 발휘할 수 없는가? 그 꿈과 신념은 우리 창조주의 꿈이 아니던가? 우리는 어떤 하나님을 믿는가?

화해의 꿈

나는 역사의 하나님, 창조의 하나님, 사랑과 연민의 하나님, 무한한 힘을 지닌 하나님을 믿는다. 이런 하나님께서 약하고 어리석은 자들을 통해 일하겠다고 선택하셨다. 원수들을 구원하기 위해 사랑하는 아들, 하나뿐인 가장 소중한 자식을 내어 주기로 결정하셨다.

나는 국가가 아니라 부모의 눈으로 지상의 아이들을 하나하나 바라보고 돌보는 어머니나 아버지 같은 하나님을 믿는다. 이런 어버이인 하나님은 어떤 자녀가 다른 자녀에게 가하는 고통과 죽음을 바라보며 눈물을 흘리신다.

나는 새로운 나라를 만드는 꿈에 참여하도록 우리를 초청하시는 평화의 하나님을 믿는다. 그곳에서는 아픈 자를 치유하고, 집 없는 자에게 쉴 곳을 주고, 굶주린 자를 먹이는 일에 사람의 힘을 쓴다. 서로의 차이를 없애려는 파괴적인 무기가 아니라, 하나님께서 주신 이성과 언어라는 선물과 더불어 사랑과 연민을 담은 환대를 선택한다. (롬 12:20 참조)

9_화해가 곧 복음이다: 바울 서신

나는 정의와 평화, 화해가 가능하다고 믿는다. 그것들이 이루어지리라 믿는다.

화해를 향한 여정은 우리에게 모순을 끌어안으라고 한다. 우리는 우리의 꿈과 주변에 보이는 현실 사이에 끼어 둘 중 하나를 선택해서는 안 된다. 화해를 향해 나아가려면 상황이 달라질 수 있다는 꿈을 품고서 발을 땅에 디디고 현실적인 문제의 파동을 고스란히 느끼며 머리를 구름 위에 두어야 한다.

"땅에 아주 가까이 있어야 풀이 자라는 소리를 들을 수 있다."라는 콜롬비아 속담이 있다. 우리의 도전은 땅에 아주 가까이 머물면서 사람들의 일상과 고통, 현실에서 솟아나는 흙의 촉촉함을 느끼는 것이다. 하지만 우리가 이루려는 꿈에도 아주 가까이 머물러 있어야만 생명을 품은 씨앗이 지표면을 뚫고 올라와 싹을 틔우는 소리를 듣고 느낄 수 있다.

믿음은 우리에게 증인의 무리에 합류하라고 손짓한다. 우리는 현실에서 이룰 수 있고 이뤄야 하는 것들을 꿈꾸는 용기를 갖추는 동시에 시대의 도전에 직면하며 실천을 약속하는 사람들의 대열에 들어오라는 초대를 받았다.

반세기도 더 전에 마틴 루서 킹 주니어는 "나에게는 꿈이 있습니다"라는 단순한 말로 크게 외쳤다. 이 연설이 뛰어난 이유는 인종 간의 평등과 정의를 부르짖어서만이 아니라 단순하면서도 대담하게 꿈을 외쳐서다.

화해의 여정을 시작하기 위해 우리는 발을 땅에 디디고 머리를 구름 위에 두어야 한다. 지금은 위대한 신념과 위대한 꿈을 품어야 하는 시대다. 담대하게 꿈을 꾸자. 우리를 휘젓는 도전적인 현실을 헤쳐 나갈 수 있도록 담대하게 꿈을 꾸자.

이 여정을 시작할 수 있도록 하나님께서 우리에게 꿈꿀 수 있는 순수함과 지혜, 용기, 근기根氣를 주시기를 빈다.

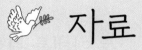 자료

갈등 이해를 위한 도구

대인관계 갈등: 유형

캐럴린 슈록-솅크

갈등을 겪는 사람들의 행동은 특정한 양상으로 전개된다. 다음 표에 나오는 유형과 범위를 잘 살펴보고, 이어지는 질문에서 자신이 어느 지점에 있는지 답해 보라. 이런 행동 유형은 갈등의 본질을 구조적으로 들여다보는 창으로도 사용할 수 있다.

0 1 2 3	4 5 6	7 8 9 10
갈등을 두려워하거나 싫어함	갈등을 정상으로 받아들임	갈등을 싸움으로 여김
도망치거나 숨김	정중히 요청하고 관여함	갈등 속으로 돌진함
회피하거나 굴복함	이해하기 위해 경청함	반박하거나 상대가 빠져 나가지 못하게 하려고 경청함
상처를 주거나 받지 않으려 함	상호 관계를 위해 노력함	논쟁적/고압적 태도
수동적으로 공격할 수 있음	꼭 이길 필요가 없음	이기는 것이 매우 중요함
관계가 가장 중요함	관계와 문제 둘 다 중요함	관계보다 문제/관점이 중요함
자세: 팔짱을 끼고 있음	자세: 손바닥을 편 채 양손을 내밀고 있음	자세: 주먹을 쥐고 있음

1. 각 갈등 상황에서 당신의 유형을 가장 잘 설명해 주는 숫자를 적어 보라.

   a. 동료들과 갈등이 있을 때 _____

   b. 가족과 갈등이 있을 때 _____

   c. 직장에서 갈등이 있을 때 _____

   d. 교회에서 갈등이 있을 때 _____

2. 각 경우에 당신이 이런 특정한 유형으로 나아가는 데 가장 큰 요인은 무엇인가? (문화, 전통, 성격, 성서적 이해 등)

갈등 이해를 위한 도구

3. 이 유형 중 당신이 바꾸고 싶은 것이 있는가? 있다면 어느 것을 바꾸고 싶은가? 당신이 그런 변화를 성취해 낼 방법으로 어떠한 것들이 있는가?

대인관계 갈등: 진심 어린 의사소통

캐럴린 슈록-솅크

진심 어린 의사소통^{Centered Communication}은 그런 말하기와 듣기가 결합된 소통이다. 진심으로 말하기는 우리 마음의 중심에서 일어나는 것의 정보를 제공하는 행위이고, 진심으로 듣기는 상대방의 마음 속으로 들어가는 행위다. 각각의 특성은 아래와 같다.

진심으로 말하기^{Centered Speaking}에 대한 이해

- 마음을 흩트리는 말은 **당신, 너**로 가득 차 있다. (비난과 판단)
- 진심으로 말하기는 **나**에 관한 취약한 정보, 즉 나의 감정, 욕구, 두려움, 선호 그리고 어떤 상황(혹은 상대방의 행동)이 나에게 끼친 영향에 집중한다.
- 진심으로 말하기는 **나**의 책임을 인정하고 거기에 초점을 맞춘다.
- 진심으로 말하기는 내 행동을 변명하기 위해 남의 행동을 탓하지 않는다.
- 진심으로 말하기는 나 자신, 그러니까 내 마음에 귀를 기울이고 나서 거기서 우러나오는 말을 하는 행위를 말한다.

갈등 상황에서 진심으로 듣기^{Centered Listening}의 원칙

- 태도, 구체적으로 말하면 변화에 대해 호기심이 있고, 겸손하고,

갈등 이해를 위한 도구

열린 태도가 기술보다 훨씬 중요하다.

- 이해는 동의가 아니라 존중을 뜻한다. 상대방이 나와 **다른** 관점을 지닐 권리를 존중하는 것도 포함한다.

- 상대방 말의 표현은 느슨하게, 의미는 정밀하게 듣는다. 상대방이 전달하려는 메시지의 핵심은 무엇인가?

- 진심으로 듣는다는 의미는 모든 상황에서 내가 진실의 일부에 지나지 않음을 받아들이는 것이다. (오직 하나님만이 전체를 보시고, 나는 "거울을 통해 희미하게" 본다.)

- 상대편 사람이나 집단은 대개 자기 말이 전달되고 이해된다고 느껴야(그렇게 느껴야만) 남의 말을 들을 준비가 된다.

대인관계 갈등: 대결과 문제 해결

캐럴린 슈록–솅크

갈등 상황에서 누군가와 정면으로 부딪칠 때, 관점이나 의견이 다른 사람과 함께 문제를 해결하려고 할 때 다음 사항을 기억하자.

대결

- 그 사안이 정면으로 맞설 만한 가치가 있는지 확신이 서야 한다. 어떤 문제는 그저 받아들이면 된다. **문제**와 **인간관계** 양쪽이 충분히 신경 쓰일 때 맞붙어라.
- 만나서 대화할 계획을 세우고 적절한 때와 장소를 찾아라.
- 앞서 살펴본 진심 어린 소통의 원칙을 활용해 어떻게 말할지 표현과 어법을 계획하라.
  - 문제를 분명히 하고, 평가나 판단 없이 내용을 제시하라.
  - 당신의 감정과 더불어, 문제나 상황이 당신에게 끼친 영향을 말하라.
  - 충족되지 않은 욕구와 기대가 왜 중요한지 설명하라.
  - 당신이 원하는 것이나 필요한 것을 요구보다는 요청의 형태로 명확하게 표현하라.
- 비언어적 메시지의 의도를 드러내라. 자신 있는 모습을 보이되 공격적이거나 수동적인 인상을 풍기지 않도록 하라. 열정과 강

189

한 감정은 자연스러운 현상이지만 지나치게 열을 내거나 강요하는 모습은 상대방을 위축시키거나 역효과를 불러온다.

문제 해결

1. **관점을 공유하라:** 양측이 상황이나 문제에 대해 각자의 관점을 공유하는 동안 서로 이해하기 위해 경청하고, 그런 다음 바꿔 말하기를 통해 정말 이해했는지 확인한다. 그렇게 각자의 관점이 전달되고 이해되어야 한다.

2. **문제와 관심사를 확인하라:** 서로 생각하는 주요 문제와 관심사를 분명히 밝히고 인정한다. 갈등의 내용이 무엇이고 그것이 왜 각자에게 중요한지 확인한다.

3. **각 문제에 맞는 선택지를 찾아보라:** 창의력을 발휘하고, 틀에서 벗어나 생각한다. 선택지는 언제나 두 가지 이상이 있기 마련이다.

4. **협상하라:** 어떤 선택지가 서로의 관심사를 가장 잘 해결하고 둘 다 만족시키는가? 윈윈win-win인가, 타협인가, 아니면 서로의 의견 차이를 인정하고 끝낼 것인가?

5. **논의를 끝내고 후속 조치를 취하라:** 헤어질 때 어떻게든 관계를 재확인하고 서로 연락하기로 동의한다.

캐럴린 슈록-셍크는 미국 인디애나주 고센대학교Goshen College에서 부교수로 재직하며 평화, 정의, 갈등을 연구하고 있다. 그는 갈등 연구 분야에서 앞서 공헌한 많은 분께 감사하는 마음으로 대인관계 갈등에 관한 자료를 만들었다.

교회 갈등: 암묵적 계명

존 폴 레더락

다년간 중재 활동을 하면서 나는 교회에 속한 사람들이 대부분 갈등을 죄로 보는 시각을 갖고 있다는 사실을 알게 되었다. 이런 사고 방식으로 보면 갈등은 사람들이 바르고 정직한 생활에서 추락하는 증거다. 갈등을 해결하려는 노력은 본질적으로 사람들이 "하나님께 속죄하게" 하는 문제다.

나는 경험을 통해 이런 상당히 영적인 관점에 의문을 제기하고 갈등의 다른 성서적·신학적 이해를 높이 평가하게 되었다. 일반적으로 우리는 지금까지 갈등을 신학적으로 탐구해야 할 문제로 주의 깊게 살펴보지 않았다. 보통 "우리 집단"에 대립하는 집단이 하나님과도 대립한다고 단순히 생각한다.

갈등에 직면할 때 교회에 속한 많은 사람이 잘 알고 있지만 말로 표현하지 않는 일련의 규율과 지침에 따라 행동한다. 나는 그런 규율과 지침을 "교회 내 갈등에 대한 암묵적 십계명"이라고 부른다. 이 암묵적 계명은 교회 안에 있는 사람들에게만 해당하지 않는다. 사회과학자들은 그 암묵적 계명이 갈등이 고조될 때 따르는 일련의 공통된 역학에 깊이 뿌리를 두고 있다고 말한다.

갈등 이해를 위한 도구

교회 내 갈등에 대한 암묵적 십계명

1. **너희는 친절해야 한다.** 항상 친절하여라. 내가 너희에게 말하노니, "친절함"은 기독교의 본질이니라.

2. **너희는 서로 공적으로 직접 맞서지 말지니라.** 대결은 상황을 난잡하고 다루기 힘들게 만든다. 어떤 경우라도 이것이 의심스럽다면 첫째 계명을 참조하라.

3. **한 번이라도 직접 맞서서 불쾌한 경험을 해야 한다면 너희는 원수의 말에 귀 기울이지 말고, 원수가 이야기하는 동안 너 자신을 방어할 말을 준비할지니라.** 내가 너희에게 말하노니, 경청은 너의 방어를 약화시키는 의문을 일으키고 타협, 불순한 생각, 당치도 않은 자기반성으로 이끌 수 있다. 네 마음을 바꾸거나 네가 잘못했다는 사실을 인정하는 것은 위험하다. 진실은 변치 않는다.

4. **너희에게 동의하지 않거나 "의로운" 분노를 일으키면서 논쟁을 좋아하는 사람들과는 말도 하지 말지니라.** 그들에 대해 논할 수 있는 다른 사람들을 찾아내 그들에게 말하라. 사랑하는 형제자매들이여, 너희에게 동의하는 친절한 사람들과만 이야기하라. 너희에게 동의하는 사람들에게 이야기함으로써 너희는 공동체의 진정한 지원을 경험할 것이다.

5. **너희는 고귀하고 품격 있는 사람들임을 기억하고 대중 앞에서 결코 너희의 감정을 드러내지 말지니라.**

6. **남성들은 이성理性을 지킬지니라.** 눈물을 보이거나 화를 내는 것

과 같은 감정을 통해 약점을 드러내지 마라. 절제되지 않은 감정을 드러내는 것보다 갈등 상황에서 발을 빼고 침묵 상태로 남아 있는 것이 훨씬 나으니라.

7. **여성들은 자신을 강하게 방어하지도 말고, 끝없는 "잔소리"도 하지 말지니라. 그러지 않으면 너희는 끔찍한 욕을 먹을 것이니라.** 너희의 의견이 무시될 것에 대해 미리 대비하고, 이후 남자들이 똑같은 의견을 말했을 때 그 의견이 타당하다고 인정될 수도 있다는 것을 알아두라. 이런 사실에 대해 너희는 남자들 앞에서 불평하지 말지니라.

8. **교회에서 진행되는 일의 방식이 마음에 들지 않는다면 너희는 담당 목회자를 비난할지니라.** 대부분의 문제는 목회자에게서 비롯된다. 만약 목회자가 성인과 같아 잘못을 찾을 수 없거든 그땐 당회나 위원회를 비난하라. 만약 당회나 위원회에 허물이 없다면 그땐 "그들"을 비난하라. 포괄적이고 불명확한 "그들" 또는 "내가 아는 어떤 이들"을 계속 비난하라. 만약 너희가 비난할 사람을 한 명도 찾지 못하면 그 교회를 떠나라. 진실로 내가 말하노니, 비난할 사람이 한 명도 없는 교회라면 거기에 계속 머물 가치가 없느니라.

9. **너희가 직접 맞서야 한다면 너희의 힘과 좌절감, 울화를 비축했다가 정기 재정보고 시간에 터트릴지니라.** 하나님께서는 회중의 카타르시스를 위해 정기 재정보고 시간을 주셨느니라.

10. **사랑하는 그리스도인 형제자매들이여, 거룩한 보호막 안에서**

갈등 이해를 위한 도구

내가 너희 모두에게 말하노니, 너희는 교회 안에서 갈등을 빚지 말지니라. 갈등은 죄의 표지다. 그러니 갈등이 일어나거든 하나님께서 네 원수의 잘못과 죄를 드러내시고 그를 회개하게 만드시도록 기도할지니라.

이 목록은 우리의 행동을 보여 주는 농담처럼 들릴지도 모른다. 그러나 나는 이 암묵적 계명이 많은 사람의 경험을 설명해 준다고 생각한다. 이런 양상들은 불안하고 걱정스러워 보이고도 남을 것이다. 이 십계명이 우리가 믿는다고 내뱉는 말이 아니라 사실상 갈등을 처리하는 행동의 토대를 형성하는 전형적인 반응들과 연결되어 있기 때문이다. 우리가 실제로 하는 일이 바로 실행이고 실천이다.

갈등은 고통스럽고 혼란스럽다. 우리는 갈등을 기본적으로 죄, 그것도 "그들"의 죄의 문제라고 제시함으로써 어지러운 불확실성을 신학적 차원에서 다루는지도 모른다. 개인적인 차원에서는 갈등을 직면하지 않고 회피하는 교묘한 방법을 다양하게 찾아냄으로써 고통과 불안을 처리한다. 갈등을 향해 나아가기보다는 갈등에서 벗어나려는 행위를 정당화하는 것이다. 우리의 실제 행위에 맞추려고 신학을 조정하는 일이 다반사다. 자신의 회피를 뒷받침하는 근거를 대려고 그 상황과는 거리가 먼 성경 구절을 인용한다. 예를 들면 이런 구절이다. "분파를 일으키는 사람은 한두 번 타일러 본 뒤에 물리치십시오."(디도서 3:10)

교회 갈등: 갈등이 몰고 오는 변화

존 폴 레더락

갈등은 상황을 변화시킨다. 인식, 소통, 관계 그리고 집단의 구조와 조직을 바꾸어 놓는다. 또한 고통과 위협으로 다가오기도 한다. 적대감이 최악으로 표출되면 심리적 피해와 신체적 폭력으로 나타난다. 이런 사태를 막기 위해 우리는 대개 할 수 있는 모든 일을 한다.

몇 가지 사회학적 양상이 수그러들지 않고 계속되면 공통된 결과를 초래한다. 갈등이 고조될수록 사람들은 관점이 다르다고 여기는 이들이나 불편한 분위기를 만드는 이들을 불신하고 멀리하는 경향이 있다. 그러면 직접적이고 정확한 소통이 점점 어려워진다.

갈등이 몰고 오는 더 중요한 변화를 몇 가지 살펴보자.

변화 1. 상대방이 문제가 된다

관계가 건강할 때는 차이점과 의견 대립을 접해도 제법 잘 대처할 수 있다. 우선 갈등이 존재한다는 사실을 공개적으로 인정한다. 아울러 갈등을 직시하는 책임을 공유하고 그 문제를 놓고 협력한다.

하지만 논쟁이 점점 뜨거워지거나 뭔가 의심이 생기거나 위협받는 느낌이 들면 방어벽을 높이 세우며 첫 번째 변화가 일어난다. 상대방과 함께 문제를 책임지기보다는 상대방을 문제로 보기 시작하는 것이다.

갈등 이해를 위한 도구

이 단순한 변화는 미묘하다. 하지만 분열적이고 파괴적인 방향으로 나아갈 수 있는 갈등 양상의 원인이 된다. 기본적으로 혹은 전적으로 상대방이 문제라는 생각에 빠져들면 그 사람을 변화시키거나, 떠나거나, 최악의 경우 제거하는 게 해결책이 되고 만다.

갈등을 관계상에서 해결해야 할 문제로 보지 않고 싸워서 이겨야 하는 전투로 보는 경우가 너무 많다. 그래서 그 사람을 제거하면 문제가 사라진다고 생각한다. 이처럼 상대방을 문제로 보는 관점은 갈등 초기 단계에서 일반적으로 가장 먼저 일어나는 변화다.

변화 2. 문제가 복잡해진다

갈등이 일으키는 두 번째 변화는 그 문제에 발생하는 현상이다. 누군가가 당신에게 맞설 때 머릿속에서 불쑥 떠오르는 생각을 알아차리는가? 가령 이런 생각이다. "그래, 네가 뭘 했다고 성인군자야? 뭐, 지난주에도 보니 (…) 하더구먼."

이처럼 당신은 갑자기 다른 문제를 꺼내 상대방이 제기한 문제에서 관심을 돌려버린다. 그러면 상대방은 자기 신경에 거슬리는 또 다른 문제를 덧붙이며 반박한다. 대화가 점점 꼬이고 헷갈리는 느낌이다. 두 당사자 모두 아무 결론 없이 애매하게 한 주제에서 다른 주제로 넘어간다.

문제가 복잡해진다. 갈등이 진행될 때 보이는 일반적인 현상이다. 당사자들은 점점 더 많은 문제를 끌어들인다. 그러면 모두가 쉽게 압도당하면서 이 갈등이 정확히 무엇에 관한 것이었는지 갈피를 잡지 못한다.

많은 갈등에서 중점이 되는 한 가지는 여러 문제 가운데 어느 것이 진짜 문제인가다. 바로 그런 이유로 갈등을 "난장판" 또는 "지렁이 통"이라고 표현하는지도 모르겠다. 미끌미끌한 지렁이들이 계속 밖으로 기어 나오는 형국이다. 그래서 많은 이들이 갈등에 대해 그런 반응을 보이며 이런 간단한 조언을 건넨다. "그 통을 열지 마세요. 어지러운 혼란을 피하세요."

변화 3. 언어가 변한다

갈등으로 인한 세 번째 역학은 갈등이 고조되면서 우리가 사용하는 언어가 변하는 방식이다. 상대방을 위협적인 존재로 보기 때문에 "네" 탓을 하며 책임을 전가한다. 사람들이 더 화가 나고 갈등에 더 열을 올릴수록 얼마나 "너"라는 단어를 쓰면서 비난하고 손가락질하는지 주의 깊게 살펴보라. 그러면 이런 말이 들릴 것이다. "너 정말 짜증 나.", "너 때문에 진짜 화나."

갈등이 고조될수록 책임 전가와 함께 일반화하는 언어가 증가하는 경향을 보인다. 그 문제와 당사자들에 대해 덜 구체적인 말로 이야기한다. "그들"이라고 말하면서 고정관념을 갖는다. 사람들을 한 단위로 묶고서 광범위하고 개략적으로 확 묘사한다. 예를 들면 이런 식이다. "글쎄, 아시다시피 은사주의자들이 원래 그렇다니까요."

갈등 이해를 위한 도구

고정관념과 일반화에 빠지면 상대편에게 방어적인 입장을 고수하기가 쉬워지기 마련이다. 문제가 늘어나고 일반화하는 언어가 많아질수록 사람들은 실제로 무슨 일이 일어나고 있고 어떻게 반응해야 할지 더 잘 알지 못하게 된다. 동시에 점점 위협을 느끼고 방어적인 모습을 보인다.

변화 4. 생각이 비슷한 사람들과의 대화가 늘어난다

갈등이 몰고 오는 네 번째 변화는 문제와 갈등에 대해 생각이 비슷한 사람들끼리 이야기하면서 시작된다. 형태는 다를지라도 모든 집단과 사회에서 자연스럽게 일어나는 현상이다. 문제가 있는 당사자와 직접 대화하지 않고 다른 이들에게 그들에 대한 이야기를 한다.

교회 환경에서 이런 역학은 앞서 말한 암묵적 십계명의 몇 가지 조항과 일맥상통한다. 긴장이 고조되면 논란이 되는 문제를 토론하기 꺼리고 우리에게 동의하지 않는 사람들을 멀리하기 쉽다. 그러면서 우리에게 동의하는 사람들 쪽으로 간다. 의견 차이를 정면으로 논할 의지나 기술이 없으므로 여러 사람 앞에서는 점잖은 모습을 보이지만 돌아서서는 뒷담화를 한다. 달리 표현하면, 비열하게 중상하고 비방하는 자가 된다. (롬 1:30, 고후 12:20)

변화 5. 초점이 본래 문제에서 최근의 행동으로 옮겨 간다

다섯 번째 변화는 우리가 보이는 반응의 특성과 관련되어 있다. 우리는 "상대편"의 최근 "행동"에 따른 상황에 반응한다. 그들이 최근에 한 말이나 행동에 반응하는 데 집중한다. 갈등은 시발점이 된 핵심 사안에서 멀어진다. 그런 양상은 갈등 자체의 에너지로 거의 가동되는 작용–반작용 순환과정의 도화선이 된다.

이렇게 되면 우리의 목표를 공개적으로 논의하기는커녕 목표가 변하고 만다. 최악의 상황에서는 사람들의 감정이 개인적인 반감을 넘어 노골적인 적대감으로 발전한다. 어떤 경우에는 적대감이 폭력적인 형태로 나타날 수도 있다. 또 어떤 경우에는 심리전에서처럼 간접적으로 표출되기도 한다.

본래 목표는 문제와 더불어 서로를 이해하는 것이었다. 그러나 이제는 싸움에서 이기고 상대편에게 복수하고 해를 끼치는 것으로 목표가 바뀌었다. 당사자 모두가 실제로 큰 위협을 느끼며 불안감에 시달리고 자기 회의감에 젖는다.

변화 6. 중간 지대가 사라진다

결국 갈등은 한 집단의 사회 조직을 바꿔 놓는다. "멀어지는" 과정은 이제 개인의 문제만이 아니다. 보통 그 집단은 서로 대립하는 두 파로 갈린다. 사람들은 "우리 편이 아니면 적이야."라는 소리를 듣는 분위기에서 이편 아니면 저편이 되어야 하는 압박감을 느낀다. 입장이 분명한 분파가 나타나면서 편이 형성되는 것이다. 중간 지대는 거의 존재하지 않는다.

갈등 이해를 위한 도구

초기 단계에서 극단주의자로 여겨지던 이들이 나중에는 분파의 리더가 된다. 소통 양상도 바뀐다. 갈등이 한껏 고조되면 자기네와 의견이 같은 사람들하고만 대화하는 경향이 나타난다. 관점이 다른 사람들과는 접촉하지 않는다. 그 결과 각 분파에서는 다른 사람들이 무슨 생각을 하는지 간접적인 정보에 점점 의존하고 정확한 소통이 더욱 어려워진다.

교회 갈등: 선언문

존 폴 레더락

이 책에는 갈등과 그 대응법에 대한 중요한 주장이 많이 담겨 있다. 그 내용을 토대로 최종 선언 목록을 아래와 같이 정리했다. 어떤 것은 서술형으로, 어떤 것은 명령형으로 표현했다.

1. 갈등은 교회의 일부다

마태복음 18장에서 예수가 개략적으로 설명한 네 단계의 가장 놀라운 점은 아마도 그가 말한 내용이 아니라 당연히 여기고서 말하지 않은 내용일 것이다. 어느 인간관계에서나 볼 수 있듯 교회 생활에는 의견 차이, 갈등, 개인 간 충돌, 집단 간 충돌이 발생할 때가 있다고 예수는 상정한다.

예수는 이런 일이 발생할 때 우리가 해야 할 일의 절차를 단도직입적으로 제시한다. 마태복음 18장은 이런 방식으로 창세기 1장의 창조 약속을 보강한다. 예수는 이미 정해진 노선을 따른다. 예수의 가정은 갈등이 인간관계의 한 부분이자 교회 생활의 한 부분이라는 역동적이면서도 종종 고통스러운 이해에 바탕을 둔다.

2. 갈등을 향해 나아가라

마태복음 18장 전체에 걸쳐 나오는 갈등 해결 과정 네 단계의 밑바

갈등 이해를 위한 도구

탕에는 걱정의 근원과 갈등 자체를 향해 나아가라는 예수의 권유가 깔려 있다. 교회 안에서는 갈등을 난잡하거나 "비기독교적"으로 여기는 경향이 있다. 아무래도 교회는 성자들, 적어도 이런 혼란을 겪지 않는 좋은 사람들이 모인 곳이라는 이미지가 있다.

우리는 보통 서로에 대해 피상적으로 이해하고 차이에 대해서는 거의 긍정적으로 소통하지 않는 자세로 지낸다. 그리고 교회에 속한 사람들이라면 의견이 모두 같아야 한다고 생각하지만, 사실은 그 반대다.

가족과 마찬가지로 교회는 구성원이 다양성을 가치 있게 여기고, 다른 의견을 솔직하게 표명하도록 격려하고, 의견이 다른 사람들 사이의 관계도 가능하다고 보는 곳이어야 한다. 교회는 갈등이 배움과 성장을 위해 필요하고 중요하다고 이해되는 화해의 장소다. 이는 우리가 갈등에서 벗어나지 않고 갈등을 향해 나아가야 한다는 시각과 이해가 있을 때만 가능하다.

3. 상대방을 향해 나아가라

예수는 우리가 갈등을 겪고 차이를 절감하는 사람들을 어떻게 바라보는지 살펴보라고 요구한다. 갈등 해결 과정 네 단계의 밑바탕에는 상대방을 멀리하지 말고 상대방을 향해 나아가라는 예수의 요구가 일관되게 깔려 있다. 우리는 더 좋은 방식으로 상대방과 대결하는 실질적인 기술을 키워가야 한다. 아울러 타인과의 쌍방향 소통, 하나님과의 쌍방향 소통을 추구하면서 영적 훈련을 해 나가야 한다.

4. 교회는 갈등을 표출하고 다루는 공론장이다

예수는 이를 가르치면서 전반적인 지침을 제공한다. 여기서 그려지는 교회는 단순히 조화로운 소리를 내는 합창단이 아니다. 교회는 구성원들이 서로 소통하고, 차이를 드러내고, 골치 아픈 신학적·관계적 문제와 우려를 해결하려고 노력하는 장소다. 교회는 갈등을 표출하고 다루는 공론장이다. 그러기 위해서는 갈등을 삶의 건강한 부분으로 통합하는 시각과 갈등을 건설적인 경험으로 만드는 기술이 둘 다 필요하다.

5. 화해의 목표는 관계를 치유하는 것이다

갈등을 헤쳐 나가는 전반적인 목적은 이전의 행위, 행동, 반응으로 찢긴 것을 봉합하는 데 있다. 주요 목표는 화해다. 화해는 관계와 회복으로 이해되며 개인적·사회적으로 찢어진 부분을 수선하는 일이다. 이 과정에서 개인적 치유와 사회적 치유를 분리하기란 불가능하다.

이런 치유는 확실히 여행의 단계와 비슷하다. 그 과정은 고통의 근원과 잘못된 점을 밝혀내고 이해하기 위한 개인의 내면적 여정으로 시작된다. 그러고 나면 우리를 불안의 근원과 관계에서 솟아나는 고통으로 나아가게 한다. 그런 여정에서 바로 관계와 상호 의존

갈등 이해를 위한 도구

이 생겨난다. 화해는 애매모호한 정신적 과정의 측면이 아니라 관계 측면에서 이해할 수 있다. 회복은 예전의 상태로 돌아가는 것이라기보다는 치유하고 균형을 잡고 마땅한 결과가 나오는 것으로 이해해야 한다. 회복은 진실과 책임을 바탕으로 성장할 여지를 준다. 이처럼 화해는 과정이자 결과다.

6. 하나님은 임재하신다

마태복음 18장 20절에서 예수는 "두세 사람이 내 이름으로 모여 있는 자리, 거기에 내가 그들 가운데 있다"라고 말한다. 마태복음 18장이 갈등을 다루며 화해로 나아가려고 노력하는 내용임을 인식한다면 이 구절의 완전히 다른 해석을 이해할 수 있다. "두세 사람"은 그곳에 모인 소수의 예배자를 가리키지 않는다. 그것은 치유, 회복, 화해를 추구하기 위해 모인 이들을 말한다. 20절은 화해의 사명을 진지하게 받아들이는 곳에 내가 너희와 함께 있겠다는 약속이다.

국제 갈등: 첫 단계

제르 스위가트와 존 허킨스

'글로벌 이머전 프로젝트Global Immersion Project'라는 비영리 단체와 협력하는 동안 우리는 이스라엘과 팔레스타인 사람들 사이에서 상당한 시간을 보내며 화해의 이야기를 만들어 가는 일을 함께 했다. 어떤 지역이나 민족에게 필요한 변화를 가져오거나 그런 존재가 되리라는 희망을 품고 다가갈 때 흔히 그렇듯, 중동에 있는 친구들과 동료들을 만나면서 가장 많이 변화된 이는 바로 우리였다. 살아오면서 일찍이 습득한 잠재의식 속의 수많은 고정관념과 편견을 뒤로하고 우리는 예전부터 최근의 정치 연설 방송을 통해서만 "알던" 사람들 사이에서 풍요로운 우정과 동료애를 경험하기 시작했다.

예수를 따르는 우리는 국제 갈등을 건설적으로 이해하고 관여하기 위한 틀을 갖고 있어야 한다. 고통받는 이들에게 인간적인 연민을 느끼지 못하는 이유가 지리적 거리일 수는 없다. 우리가 연민을 품은 그리스도적 관여와 이해의 과정을 시작할 수 있기를 빈다. 아울러 몇 가지 출발점을 제안하고자 한다.

1. 생명을 잃는 일을 슬퍼하라

사망자 수 증가를 귀중한 인명이 손실되는 비극이라기보다는 단순히 전쟁의 결과로 나타나는 수치로 보기 쉽다. 목숨을 잃는 사람이

갈등 이해를 위한 도구

이스라엘 사람이든, 팔레스타인 사람이든, 시리아 사람이든, 우크라이나 사람이든 간에 그 각각은 하나님의 형상으로 만들어진 인류에 속한다. 우리를 굴복시키려는 상황에 무감각해지면 안 된다. 자녀를 잃은 어머니와 부모를 잃은 아이를 위해 고통을 느끼자.

2. 조용히 듣고 배우라

다른 이들을 위해 이야기하기 전에 느긋한 마음으로 그들의 이야기를 먼저 듣는 편이 좋다. 국내든 해외든 다른 문화에 발을 들여놓은 사람이라면 저마다 고유한 교육과 세계관의 산물로 얼마나 많은 것을 배워야 하는지 알게 된다. 성급히 말하고 행동하면 득보다 해가 더 클 수 있으니 먼저 조용히 듣고 배우라.

3. 정치적·종교적 차이를 보기 전에 보편적인 인간성을 보라

우리는 인간의 다양성 때문에 정치나 종교에 관해 모든 사람의 의견이 완전히 같을 수 없다는 사실을 알고 있다. 그래서 정치나 종교의 관점에서 보기보다는 공통된 인간성의 관점에서 그들을 바라봐야 한다. 모든 사람은 하나님의 형상대로 만들어졌다. 상대방의 눈으로 예수를 보면 미워하고, 상처 주고, 비하하기가 훨씬 어려울 것이다.

4. 기도하라

국가와 종교를 막론하고 다른 이들의 치유를 위해 기도하라. 갈등이 있는 곳에 평화가 찾아오길 기도하라. 우리의 맹목적인 편견에 용서를 구하라. 하나님 나라의 가치를 높이는 사람들에게 용기를 달라고 청하라. 이전에 원수였던 사람들 사이에 새로운 우정이 자라나길 기도하라. 원수를 위해 기도하라.

5. 어려운 질문을 하라

나의 정치적 또는 사회적 참여가 어떻게 생각이나 행동에 해로운 결과를 일으키거나 지속시켰을까? 나는 객관적인 관찰자인가, 아니면 내가 문제의 일부 또는 회복의 일부가 되는 방법이 있는가? 매체에서 그려지는 기독교, 이슬람교, 유대교의 모습은 각각의 신실한 모습을 정확히 보여 주는가, 아니면 그저 관념적 위조인가?

6. 소식통을 확장하라

서양인들의 객관적인 뉴스 보도를 가로막는 요인은 거리상의 문제가 아니다. 원인은 이 지역을 둘러싼 양극화된 정치·사회·경제 현실이다. 매체에서 듣고 배우는 방법에 정통할 수 있는 중요한 때란 더는 없다. 단 하나의 소식통에만 의존하지 말고 다양한 관점을 접하기 위해 여러 소식통에 귀를 기울여라. 분쟁 지역에 사는 친구나 믿을 만한 정보원의 이야기를 직접 들을 수 있으면 훨씬 더 좋다. 소식통을 확장하는 일은 여러 이야기가 긴장 관계에 놓일 수밖에 없는 복잡한 문제다.

갈등 이해를 위한 도구

7. 갈등 한가운데서 희망과 화해의 이야기를 찾아내라

갈등 한가운데서 평화 세우기라는 어려운 일을 날마다 실천하기로 선택한 사람들보다 훌륭한 교사는 없다. 폭력과 전쟁에 관한 뉴스 표제에서 시선을 돌려 희망과 화해의 이야기를 바라본다면 우리는 영감을 얻을 뿐만 아니라, 자기 가정과 동네, 도시에서 일어나는 갈등 한가운데서 평화의 주체자로 어떻게 살고, 사랑하고, 이끌어 갈지 확실한 교훈을 발견할 것이다.

8. 연민의 이야기를 실천하라

"테러리스트"라는 꼬리표가 붙은 사람들을 알고 실생활에서 테러의 위험을 겪은 사람들이라면 인식과 실재 사이의 단절을 꺼내 놓고 이야기해야 한다. 우리는 보편적인 인간성, 정의, 하나님의 마음으로 지켜보면서 이런 상황에 발을 더 잘 들여놓는 데 도움이 되는 자료를 얻어야 한다. 그리고 하나님께서 인류에게 바라시는 이야기, 그러니까 결국 상처받은 자들에게 마음을 쓸 수밖에 없는 이야기 속에서 살아가야 한다. 사랑하는 가족을 잃고 슬퍼하는 이든, 지구 반대편에서 일어난 사건 때문에 동네에서 생긴 고정관념과 혐오의 대상이 된 개인이든 아파하는 이들에게 연민을 느껴야 한다.

존 허킨스와 제르 스위가트는 국제 갈등에 뛰어들어 날마다 평화를 일구는 '글로벌 이머전 프로젝트'(www.globalimmerse.org)의 공동 대표다.

국제 갈등: 테러 이해하기

존 폴 레더락

2001년 9월 11일 세계무역센터가 항공기의 공격으로 화염에 휩싸이며 전 세계가 충격에 빠졌을 때 나는 공항에 꼼짝없이 갇혀 있었다. 콜롬비아와 과테말라를 오간 뒤 최종적으로 미국으로 가는 도중에 미국의 심장부가 강타당하는 장면을 보게 되었는데 자다 깨다 해서 몽롱한 내 눈에도 그 모습이 번쩍 들어왔다. 집으로 돌아가기 위해 공항에서 기다리는 동안 이 대목을 썼다. 결국 원래 계획보다 일주일이나 늦게 집에 도착했고 9.11 이후 며칠, 몇 주, 몇 달 동안 여러 곳에서 이 생각을 나누었다.

당연한 반응이지만 9.11 사태에 복수하겠다는 절규는 깊은 감정적 고통과 무력감, 집단적 상실감을 표출할 방법을 찾는 일과 관련된 듯했다. 그것은 부정을 바로잡고 다시는 그런 일이 일어나지 않도록 방지하기 위한 대책으로 보이는 것을 넘어 사회적·심리적 과정에 뿌리를 내린 듯 보였다.

나는 우리가 방관자적 입장에서 지도자들에게 부당한 비난을 퍼붓기 쉽다는 사실을 깨달았다. 아울러 몹시 어려운 결정을 내리는 처지가 아닐 때는 당사자들이 놓치는 통찰을 얻기 쉽다는 점도 알게 됐다. 반면, 폭력의 악순환이 영원히 끝나지 않을 것만 같은 국제적 상황에서 비폭력 변화의 지지자이자 중재자로서 20년 가까이 일

209

하고, 폭력의 악순환 속에서 자신의 역할을 정당화하는 방법을 자기 정체성의 핵심에서 찾는 사람들이나 단체와 소통하면서, 나는 해결책을 찾기 위해 아이디어를 내려고 노력해야 한다는 책임감이 들었다.

나는 몇 가지 중요한 도전 과제를 지정한 다음, 평화적이고 지속적인 참된 변화를 추구하기 위해 이러한 과제를 진지하게 받아들이는 창의적 대응의 본질이 무엇인지 질문하는 것으로 시작했다. 2001년 이 글을 처음 쓴 이후로 세상이 많이 변했지만, 아래 제시된 단계들이 국제 갈등에 창의적으로 대응하는 데 여전히 발판을 제공하리라 믿는다.

1. 분노의 근원을 이해하려고 노력하라

답하기가 쉽지 않겠지만 우리 스스로 맨 먼저 제기해야 할 가장 중요한 질문은 상대적으로 간단하다. '사람들이 어떻게 이런 분노, 증오, 좌절의 단계까지 이르는가?' 내 경험에 비추어볼 때 사람들에게 일종의 마력을 쓰는 비정상적인 리더에게 세뇌당했다는 설명은 현실 도피주의자의 단순화이며 필시 우리가 매우 잘못된 방향으로 대응하도록 이끌 것이다.

이런 종류의 분노는 세대에 걸쳐 정체성에 기반을 둔 분노라 할 수 있으며, 역사적 사건, 정체성이 흔들리는 심한 위협감, 지속적으로 배제당한 경험이 합쳐지며 오랫동안 구축된 감정이다. 이것을 이해하는 것은 매우 중요한데 그 이유는 거듭 설명하겠지만, 당장 일어난 일에 대한 우리의 대응이 미래의 복수와 폭력의 악순환에 토양과 씨앗, 자양분을 제공하고 강화하느냐 아니냐와 밀접하게 관련되어 있어서다. 이 대응은 변화를 가져오는 일과도 결부되어 있다.

우리는 대응의 전략적 지침으로 오직 한 가지를 추구하도록 주의해야 한다. 그것은 바로 사람들이 기대하는 행위를 피하는 일이다. 사람들은 거인이 약자를, 다수가 소수를 채찍질하길 기대한다. 그럼으로써 자신들이 유지하려고 애쓰는 신화를 영속시키는 능력을 강화할 것이다. 그들은 자신들을 한 번도 진지하게 받아들이지 않고 모든 사람을 파멸하고 싶어 하는 비이성적이고 말도 안 되는 체제와 싸우면서 위협 아래 놓이게 된다. 우리가 파괴해야 할 것은 사람들이 아니라 잘못된 신화다.

2. 조직의 성격을 이해하려고 노력하라

폭력이 심하게 지속되는 상황에서 항구적 평화를 증진하기 위해 오랜 세월 일하면서 나는 폭력을 사용하는 단체나 조직의 일관된 하나의 목적이 **자기 유지**라는 사실을 발견했다. 그런 목적은 여러 접근 방식으로 수행되는데 일반적으로 권력과 구조의 분권화, 기밀 유지, 단위별 행동 자치권, 그리고 적의 힘과 역량을 조건부로 추진하는 분쟁은 거부하는 방식으로 이루어진다.

지난 몇 년간 내가 들은 비유 중 대단히 흥미로웠던 것 하나는 미

갈등 이해를 위한 도구

국의 적이 굴에 숨어 있다 발각되어 내쫓겨서는 도망치는 모습이 보일 때 섬멸된다는 것이다. 이런 비유적 이미지는 굴을 파서 생활하는 마멋이나 전쟁터의 참호 그리고 아마 게릴라전에도 잘 들어맞을지 모르나 앞서 말한 폭력 조직과의 갈등 상황에는 유효하지 않다. 또한 미국이 구해야 할 마을을 외려 파괴하고 우리 적을 숨겨준 주민은 공범이니까 정당한 공격 대상이 된다는 비유적 이미지도 그런 상황에 맞지 않는다. 두 경우 모두 미국의 행동을 이끄는 비유가 현실과 연결되지 않기 때문에 미국을 잘못된 방향으로 이끈다. 좀 더 구체적으로 말하면, 폭력 조직과의 갈등은 장소가 파괴되면 그로써 문제가 해결되는 물리적 공간 측면이나 지리적 측면에서 상상할 수 있는 싸움이 아니다. 아주 솔직히 말해 미국이 내세우는 최대 규모의, 눈에 가장 잘 띄는 무기 체계는 무용지물이다.

우리에겐 새로운 비유가 필요하다. 나는 보통 갈등을 설명할 때 의학적 비유를 드는 것을 좋아하지 않지만 이 상황에서는 바이러스의 이미지가 떠오른다. 바이러스는 눈에 띄지 않게 몸속으로 들어가 흘러 다니면서 내부에서부터 손상을 입히기 때문이다. 적은 어떤 영역에 자리 잡고 있지 않다. 우리 시스템 안으로 들어와 있다. 이런 유형의 적은 총을 쏘면서 싸우면 안 된다. 시스템 기능을 강화해 바이러스가 들어오지 못하게 막고 면역력을 키우는 방식으로 대응해야 한다. 우리는 비유를 바꾸고, 나쁜 놈과 싸워서 결판낼 수 있다는 대응을 넘어야 한다. 그러지 않으면 우리가 막아내려는 바이러스를 지속시키고 재생산하는 환경을 만드는 심각한 위험을 감수해야 할 것이다.

3. 현실은 만들어진다는 사실을 기억하라

다른 것과 마찬가지로 갈등은 현실에 대해 아주 다른 인식과 해석을 만들어 유지하는 과정이다. 이는 갈등을 겪는 당사자들이 그런 식으로 규정한 여러 현실이 동시에 존재한다는 뜻이다. 우리가 지금 막 경험한 끔찍하고 부당한 폭력(9.11 테러를 말함-옮긴이)의 여파로 그 말이 난해하게 들릴 수도 있다. 그러나 그런 현실 인식 과정이 결국 사람들을 광신자, 미치광이, 비이성적인 놈이라고 부르게 되는 과정임을 기억해야 한다. 우리는 사람들을 욕하는 과정에서, 그 사람들이 구축한 관점에서 바라보면 그들의 행동이 완전히 미친 짓이나 광신적 행위가 아니라는 것을 이해하는 중요한 능력을 잃어버린다. 모든 게 합쳐지면 이해하기 쉽다. 오랜 세월에 걸친 실제 경험 속에서 사실을 바라보는 그들의 관점이 강화되면(예를 들어, 그들을 이용하거나 배제하는 초강대국과 기나긴 싸움을 하는 동안 그들의 종교적 해석에 따라 부도덕하다고 여겨지는 서구의 가치가 침입하고, 폭격전으로 힘을 행사해 항상 승리하는, 압도적으로 강력한 원수의 이미지가 구축되는 현상) 악에 대항하는 영웅적 투쟁이라는 합리적 세계관이 구축되는 것은 어려운 과정이 아니다. 그들도 우리와 다를 바 없다.

우리의 행동과 반응을 정당화하기 위해 우리가 사용하는 말에 귀

갈등 이해를 위한 도구

를 기울여 보라. 그리고 그들이 사용하는 말을 들어 보라. 그런 현실 인식 과정을 중단하는 방법은 누가 이기거나 누가 더 강한지의 기준이 되는 틀을 통하지 않는다. 사실은 그 반대다. 전략적 전투든 "전쟁"이든 패자는 새로운 전투를 시작하기 위한 정당성을 품은 씨앗을 오롯이 패배에서 찾는다. 그런 정당화된 폭력의 악순환을 끊는 방법은 그 순환 고리에서 빠져나오는 것이다. 그 시작은, 미치광이와 악에 대해 짧게 편집된 정치적 발언을 보여 주는 TV 방송이 정책 수립에 좋은 자료가 되지 않는다는 사실을 이해하는 것이다. 우리를 악으로 바라보는 그들의 인식에 중대한 영향을 미치려면 예상치 못한 방식의 전략적 대응을 선택함으로써 우리에 대한 그들의 인식을 바꿔 놓아야 한다. 그러려면 변화의 지평을 상상할 수 있는 엄청난 용기와 용감한 리더십이 필요할 것이다.

4. 사람을 모집하는 힘을 이해하라

테러가 지닌 가장 큰 힘은 자체 재생력이다. 이 갈등의 본질과 좀 더 평화로운 세상을 향한 변화 과정을 이해하는 데 무엇보다 필요한 것은 이런 활동을 수행할 사람을 모집하는 일이 어떻게 일어나는가다. 뿌리 깊은 갈등 현장에서 일해 온 내 경험에 비춰 보면 가장 눈에 띄는 방식은 폭력을 끝내고 싶어 하는 정치 지도자들이 폭력을 일삼는 자들을 제압하고 제거함으로써 달성할 수 있다고 믿는 것이다. 그런 방식은 앞선 시대 오랜 세월에 걸친 교훈이었을지 모르나,

지난 30년 동안은 아니었다. 우리가 얻은 교훈은 단순하다. 깊은 위협감과 소외감 그리고 직접적인 폭력을 세대에 걸쳐 겪은 사람들이 애써서 얻으려는 것은 생존이다. 이런 움직임 속에서 거듭 선택된 신화를 재생하고 싸움을 재개하는 놀라운 역량이 늘 발휘됐다.

지난 30년 동안 끌어 온 갈등 환경에서 얻은 교훈에 딱 들어맞는 현재 미국 리더십의 한 측면은 이 갈등이 지난한 싸움이 될 것이라는 성명에서 잘 드러난다. 여기서 놓치고 있는 점은, 그런 활동에 신규 인력을 유치하고 유지하는 경로, 명분, 원천을 제거하는 데 중점을 둬야 한다는 사실이다. 9.11 사건과 관련해 나는 범인들의 나이가 마흔을 훌쩍 넘긴 사람이 하나도 없고 다수가 20대라는 특이한 사실을 발견했다.

이게 우리가 마주한 현실이다. 신병 모집은 끊임없이 진행된다. 군사력을 행사하는 한 그런 모집은 중단되지 않을 것이다. 공개적인 전쟁은 사실상 끊임없이 토양을 만들어 내며 그 안에서 자양분을 얻어 자란다. 테러를 없애려는 군사 행동은 이미 취약한 수많은 민간인에게 특히 영향을 끼치기에 다 자란 민들레를 골프채로 쳐서 없애려는 짓이나 다름없다. 우리가 왜 악한지를 보여 주는 신화를 공고히 유지하는 데 가담하고 또 다른 세대의 신병을 확보하는 처사다.

갈등 이해를 위한 도구

5. 복잡성을 인정하되 단순성의 힘을 이해하라

마지막으로 우리는 단순성의 원칙을 이해해야 한다. 나는 복잡성을 주의 깊게 살펴봐야 하는 필요성에 대해 학생들과 많은 이야기를 나눈다. 그러나 현재 상황에서 우리가 충분히 이해하지 못하는 핵심은 단순성이다. 가해자 입장에서 보면 시스템을 사용해 원상 복구하는 간단한 방법을 찾을 때 행동의 효과가 있었다. 나는 그 반대편에서 똑같이 창조적이고 단순한 방법을 찾는 일이 우리의 가장 중요한 임무라고 믿는다.

예배 자료

기도문

거룩하신 하나님,

생명을 창조하신 하나님,

당신의 평화는 모든 이해를 초월합니다.

국가 간, 신념 체계 간, 다양한 교육 간, 가족 간, 교회 간에 전쟁이

있더라도

공통점을 찾으면 우리는 새로운 길을 나설 수 있습니다.

주님의 평화로, 길을 찾는 모든 이에게 희망을 불어넣어 주시고,

고통받는 모든 이를 구원해 주시고,

논쟁하는 모든 이들 사이에 개입하시고,

미워하는 모든 이의 두려움을 몰아내 주소서.

전쟁 속에서 살아가는 모든 이를,
전쟁 때문에 황폐해진 모든 이를,
전쟁을 멈추지 않는 모든 이를 주님의 사랑으로 감싸 주소서.
모든 것을 변화시키는 주님의 사랑이 어둠 속에 스며들게 하소서.

아멘.

-윌마 하더

사랑과 자비의 하나님,

우리의 세상과 일은 당신의 것입니다.

우리도 당신의 것입니다.

주님 없이는 아무것도 할 수 없습니다.

하나님, 모든 이가 당신을 더 온전히 알 수 있도록

예수 그리스도를 세상에 보내 주셔서 감사합니다.

자신을 낮추어 하나님을 섬긴 예수는

우리에게 하나님의 종으로서 어떻게 살아가고 사랑해야 하는지

　보여 주었습니다.

하나님의 형상대로 만들어진 뜻을 어기고

폭력이라는 큰 죄를 짓길 마다하지 않은

사람들과 권력자들의 손에 예수는 고통받고 죽었습니다.

우리에게 생명과 사랑을 선물하신 하나님께 감사드립니다.

전쟁을 벌이기보다 평화를 지키는 모든 이를 보내 주셔서 감사합니다.

우리가 어떤 상황에서 무엇을 하든 평화의 백성이 되게 하소서.

이제 하나님께서 당신에게 축복을 내려

가장 깊은 믿음 속에서 말씀을 듣고 살아가게 해 주시길 빕니다.

하나님께서 우리에게 나타나시어 큰 기쁨을 주시길 빕니다.

그리고 하나님께서 당신을 바라보며 은혜를 베푸시고

살아 계신 그리스도의 깊은 평화로 인도하시길 빕니다.

아멘.

평화로 하나님을 사랑하고 섬기십시오.

－웰던 니슬리

219

사랑하는 하나님,

당신은 세상을 존재하게 하신 말씀입니다.

하늘에서처럼 땅에서도 우리 말의 주인이 되어 주십시오.

우리에게 큰 말씀도 주시고 작은 말씀도 주시고

먼 곳까지 널리 퍼지는 말씀도 주시고

집중해야 할 말씀도 주시고

우리 이웃과 세상 곳곳에

주님의 평화를 전하는 진실한 말씀도 주십시오.

사랑하는 하나님,

당신은 예수를 통해 오신 길이요, 진리요, 생명입니다.

오늘날 그 길을 가로막는 자들을 바른길로 이끌어 주십시오.

세상 곳곳에 존재하는

과부와 고아,

이민자와 난민,

고단하고 외로운 이와 잊히고 죽어 가는 이의 곁을 지켜 주십시오.

사랑하는 하나님,

당신은 일용할 양식이자 생명의 물입니다.

날마다 우리에게 먹을 것과 마실 것을 주셔서 감사합니다.

주님께서는 우리의 의지를 강하게 하시고 마음을 부드럽게 하시어

공의를 행하고

인자를 사랑하며

겸허히 주님과 동행할 수 있게 하십니다.

무한한 영광이신 주님께 기도드립니다. 아멘.

–신디 스나이더

오 하나님,

너무나 오랫동안

 세상이 우리를 전쟁터로 불러냈고

세월이 핏빛으로 물들며

우리의 주검이 널브러져 있습니다.

그러나 하나님은

활을 부러뜨리고 창을 꺾으시며

우리를 불러내어

깊은 절망 속에서도

평화의 씨앗을 뿌리게 하셨습니다.

우리가 가져다 심는

아주 작은 평화의 싹이

부드러움 속에서

안전하게 자라

희망의 꽃으로 피어나게 하소서.

아멘.

−리니아 라이머 가이저

시편 85편에 기초한 드라마

존 폴 레더락

설명: 이 촌극은 시편 85편을 근거로 작성했다. 이 시편 말씀에 대한 묵상은 이 책 6장을 참고하길 바란다. 나는 수년간 다양한 상황에서 다양한 사람들과 아래 각본을 활용해 연습 활동을 진행했다. 결과는 매번 다르게 나타난다. 사람들의 경험과 염려에 따라 독특하면서도 놀라우리만큼 다양한 통찰이 나온다. 아래 각본은 6장에서 서술한 내용을 압축한 버전으로 특히 갈등을 겪고 있는 그룹 안에서 짧은 드라마로 활용할 수 있다.

등장인물:

회의 주최자이자 진행자 (여성 혹은 남성)

진실 (여성)

자비 (남성)

정의 (남성)

평화 (여성)

[무대 위에 빈 의자가 다섯 개 놓였다. 의장이 무대로 걸어 나와 그중 하나에 앉는다.]

진행자: 우리는 모두 갈등을 겪은 적이 있고 갈등 중인 사람들이 종종 진실과 자비, 정의, 평화에 호소하는 모습도 봐 왔습니다. 시편

85편 10절에는 이렇게 씌어 있습니다. "진실과 자비가 함께 만났고, 정의와 평화가 서로 입 맞췄다." 그래서 그 구절에 대해 생각을 좀 해 봤는데 이런 궁금증이 들었습니다. 그 네 친구, 그러니까 진실, 자비, 정의, 평화를 우리가 있는 자리에 초대하면 어떨까, 그래서 갈등에 대한 각자의 견해를 밝히고 공개 토론을 해 달라고 하면 어떨까 하고 말이죠. [잠시 침묵] 저는 그 친구들이 다른 싸움에서 들락날락하는 걸 봤거든요. 그래서 그들에게 여기 와서 몇 가지 문제를 좀 정리해 달라고 청했습니다.

[진실, 자비, 정의, 평화가 무대로 나와 빈 의자에 앉는다. 네 사람은 각각 누구인지 알 수 있는 이름표를 달았다.]

진행자: [한 사람 한 사람 반갑게 악수하며] 환영합니다. 갈등이 한창일 때 여러분이 각자 염려하는 점을 알고 싶습니다. 여러분의 견해를 좀 들려주시겠어요? 진실 자매님이 먼저 말씀해 주시죠.

진실: [자리에서 일어나] 저는 진실입니다. 저는 빛과 같아서 모두가 볼 수 있도록 비춰 주죠. 갈등이 있을 땐 '실제로' 무슨 일이 일어났는지 공공연하게 드러내 보여 주고 싶어요. [손으로 자비, 정의, 평화를 가리키며] 저는 여기 세 동료와 구별됩니다. 이들이 저를 제일 먼저 필요로 하니까요. 제가 없다면 이들은 앞으로 나아갈 수 없어요. 저를 찾았을 때 사람들은 자유로워지죠.

진행자: 진실 자매님, 아시다시피 저는 분쟁 지역을 많이 다녔습니다. 그런데 늘 궁금한 게 하나 있어요. 제가 어느 한쪽, 가령 이쪽에 계신 분들과 이야기를 해 보면 이분들은 자매님이 자기들과 함께 있다고 해요. 하지만 제가 상대편, 가령 저쪽에 계신 분들과 이야기를 해 보면 저분들은 자매님이 **자기네** 편이라고 주장하죠. 이런 상황에서 진실이 단 하나일까요?

진실: 진실은 오직 하나뿐입니다. 하지만 다양한 방식으로 경험할 수 있죠. 저는 개개인 안에 존재하지만 아무도 저를 소유할 수는 없어요.

진행자: 자매님을 발견하는 게 그토록 중요하다면 자매님을 찾는 일이 왜 그렇게 힘들죠?

진실: [잠시 생각에 잠겼다가] 저는 순수하게 저를 진정으로 찾는 곳에만 나타날 수 있어요. 저에 대해 아는 바를 서로 나눌 때, 서로의 발언을 존중할 때만 앞으로 나온답니다.

진행자: [자비, 정의, 평화를 손으로 가리키며] 그럼, 이 세 친구 중에 누가 제일 무서우세요?

진실: [자비를 가리키며] 저는 자비가 무서워요. 자비가 서둘러 치유하려 드니 저의 빛이 가리고 명료함이 흐려지거든요. 자비는

예배 자료

용서가 자기 혼자만의 자녀가 아니라 **우리**의 자녀란 사실을 잊고 있어요. [자리에 앉는다.]

진행자: [자비에게로 몸을 돌리며] 자비 형제님도 하고 싶은 말씀이 분명 있으실 것 같은데요. 형제님은 어떤 걱정을 하시나요?

자비: [자리에서 천천히 일어나며] 저는 자비입니다. 저는 새로운 시작이에요. 저는 사람들과 그들의 관계에 신경을 씁니다. 수용, 연민, 지지가 저와 결속돼 있죠. 저는 인간이 깨지기 쉬운 존재란 걸 알아요. 세상에 완벽한 사람이 있나요?

[몸을 돌려 진실을 쳐다보면서 말을 이어간다.] 진실은 자신의 빛이 명료하게 해 준다는 걸 알아요. 하지만 그 빛이 눈을 멀게 하고 화상을 입히는 일이 다반사죠. 인간관계와 삶이 없다면 무슨 자유가 있겠어요? 용서가 우리의 자녀인 건 확실하지만, 사람들이 불완전하고 나약하다는 이유로 무례하게 모욕당하고 괴로워할 때는 아니죠. 우리 자녀인 용서는 치유하기 위해 태어난 아이예요.

진행자: 하지만 자비 형제님, 급하게 수용하고 지지하고 앞으로 나아가면 용서라는 아이가 유산되지 않을까요?

자비: 저는 진실의 빛을 가리지 않아요. 이걸 이해하셔야 합니다. 저는 자비예요. 삶 자체를 지탱하는 변함없는 사랑으로 빚어진 존재죠.

진행자: 그럼, 자비 형제님은 누구를 가장 무서워하시나요?

자비: [몸을 돌려 정의를 바라보며 큰 목소리로] 우리 정의 형제입니다. 정의는 변화시키고 일을 바로잡으려고 서두르다 보니 자신의 뿌리가 실제 사람들과 인간관계에 있다는 사실을 잊어버려요. [자리에 앉는다.]

진행자: 그럼, 정의 형제님, 여기에 뭐라고 답변하시겠어요?

정의: [일어서서 미소를 지으며] 저는 정의입니다. 자비의 말이 맞아요. 제 관심사는 일을 바로잡는 것입니다. 저는 겉으로 드러나는 싸움의 수면 아래와 그 쟁점의 이면을 봐요. 갈등의 뿌리는 대개 불평등, 탐욕, 악행과 얽혀 있거든요.

저는 진실과 결속돼 있어요. 진실이 빛을 비춰 악행의 경로를 드러내기 때문이죠. 제 임무는 특히 희생자들과 핍박받는 이들이 입은 피해를 복구하는 조치가 반드시 이루어지게 하는 것입니다.

진행자: 하지만 정의 형제님, 이 방에 있는 사람 모두가 자신이 억울한 일을 당한 적이 있다고 생각합니다. 대부분은 형제님이 시키는 대로 한다면서 자기 행동을 기꺼이 정당화하죠. 심지어 폭력적인 행동까지 말이에요. 실제로 그렇지 않나요?

정의: 사실, 그래요. 대부분의 사람들은 이해하지 못해요. [말을

멈추고 잠시 생각에 잠겼다가] 아시다시피 저는 책임에 무척 신경을 씁니다. 우리는 뭐든지 받아들일 수 있다고 종종 생각해요. 진실하고 헌신적인 관계에는 정직한 책임감과 변함없는 사랑이 있어요. 책임감 없는 사랑은 말뿐이에요. 책임감 **있는** 사랑이란 변화된 행동입니다. 말한 대로 행동하고 책임지게 하는 것이 제 목적입니다.

진행자: 그럼, 정의 형제님은 누구를 무서워하세요?

정의: [낄낄거리며] 제 아이들이요. 저는 제 아이인 자비와 평화가 무서워요. 걔들은 자기가 부모라고 생각하지 뭐예요. 하지만 사실 그들은 제 노력의 결실입니다.

평화: [미소를 띠고 앞으로 걸어 나오며] 저는 평화예요. 앞서 발언한 세 분의 말씀에 동의합니다. 저는 그분들이 낳은 아이이자, 그분들에게 생명을 주려고 노력하는 어머니이며, 그분들과 동행하는 배우자이기도 하죠. 저는 안전과 존중과 안녕을 장려하면서 공동체를 단결시킨답니다.

진실: [실망한 투로] 바로 그게 문제예요. 당신은 스스로 우리 셋보다 크고 훌륭하다고 여기죠.

정의: [맞장구치면서 역시 실망한 얼굴로 평화를 손가락으로 가리키며] 건방지네요! 본인이 있어야 할 곳에 있지 않잖아요. 당신은

우리를 따라와야지, 앞서가면 안 돼요.

평화: [부드러운 목소리로] 정의 형제님과 진실 자매님, 맞아요. 저는 두 분을 통해 그리고 두 분의 뒤에서 더 온전히 드러납니다. 하지만 제가 없으면 진실을 들을 여지가 없는 것 또한 사실이죠. [정의 쪽으로 몸을 돌리며] 그리고 제가 없으면 비난, 괴로움, 유혈 사태의 악순환에서 벗어날 도리가 없어요. 제가 존재하지 않으면 형제님의 정의가 온전히 구현되지 않아요. 저는 앞에도 있고 뒤에도 있어요. 제게 도달할 다른 방도는 없어요. 저 자신이 길이니까요.

진행자: [잠시 침묵이 흐른 뒤] 그럼, 평화 자매님은 누구를 무서워하세요?

평화: 누구가 아니라 무엇과 언제가 문제죠. 저는 조종을 두려워해요. 본인의 목적을 위해 진실 자매님을 이용하는 사람들의 조종이 두려워요. 어떤 이들은 진실을 무시하고, 어떤 이들은 진실을 채찍으로 사용하죠. 진실을 소유하고 있다고 주장하는 사람들도 있어요. 저는 정의 형제님이 자비 형제님을 위해 희생될 때도 두려워요. 어떤 사람들이 정의 형제님의 이상에 도달하려고 애쓰면서 목숨 자체를 희생하려 할 때 그 맹목적인 조종이 두렵습니다. 그런 속임수가 발생하면 저는 능욕당하고 빈껍데기만 남아요.

예배 자료

진행자: [넷 모두를 손으로 가리키며] 어떻게 해야 네 분이 만날 수 있을까요? 서로에게 필요한 것은 무엇일까요?

[등장인물 넷은 다음에 나오는 대사를 하면서 서로를 향해 서서히 나아가기 시작해 무대 중앙에서 모인다.]

진실: [자비를 바라보며] 자비 형제님, 속도를 늦추셔야 해요. 제가 드러날 기회를 주세요. 우리의 아이는 어머니 몸 속에서 천천히 크지 않으면 태어날 수 없어요.

자비: [고개를 끄덕이며] 사랑하는 진실 자매님, 자매님은 밝게 빛나세요. 하지만 제발 우리 눈을 멀게 하거나 화상을 입히지는 마세요. 모든 사람이 하나님의 자녀라는 사실을 기억해 주세요. 개개인은 나약한 존재이고 지지를 받아야 성장할 수 있답니다.

정의: 평화 자매님의 말씀을 들으면서 어느 정도 안심했습니다만, 자매님이 책임과 행동에 자리를 내주겠다는 확실한 성명이 필요합니다. 미가가 우리에게 "자비를 사랑하고 정의를 행하라"라고 말한 걸 기억해 주세요. 평화 자매님은 제가 앞으로 나아갈 여지를 허용해 주셔야 합니다.

평화: 정의 형제님, 우리는 서로 필요해요. 목적 없이 사나워지는 괴로움에 빠져들지 마세요. 저는 형제님이 일하고 결실을 볼 토양

을 제공할게요.

[이 무렵 넷은 무대 중앙에서 아주 가까이 둥글게 모인다. 그리고 서로 바라보며 어느 정도 놀라는 동시에 만족스러운 표정을 짓는다.]

진행자: 그럼, 여러분이 함께 서 있는 이곳을 뭐라고 부를까요?

진실, 자비, 정의, 평화: [서로 손잡고 한목소리로] 이곳은 **화해**입니다.

갈등과 화해에 관한 추가 연구 자료

박성희, 허현, 앙드레 킹거리치 스토너

평화 만들기와 화해에 관한 성서 및 신학적 기초 자료

Augsburger, Myron S. *The Robe of God: Reconciliation, the Believers' Church Essential.* Scottdale, PA: Herald Press, 2000.

Kreider, Alan, Eleanor Kreider, and Paulus Widjaaja. *A Culture of Peace: God's Vision for the Church.* Intercourse, PA: Good Books, 2005.

Ott, Bernhard. *God's Shalom Project.* Intercourse, PA: Good Books, 2005.

Trocme, Andre. *Jesus and the Nonviolent Revolution.* Maryknoll, NY: Orbis, 2004.

Wink, Walter. *The Powers That Be*. Reprint ed. New York: Harmony, 1999.

Yoder, Perry B. *Shalom: The Bible's Word for Salvation, Justice and Peace*, Nappanee, IN: Evangel, 1998.

도널드 크레이빌, 김기철 옮김, 《예수가 바라본 하나님 나라》, 복있는사람, 2010.

에마뉘엘 카통골레·크리스 라이스, 안종희 옮김, 《화해의 제자도: 정의, 평화, 치유를 위한 기독교적 비전》, IVP, 2013.

윌라드 스와틀리, 황의무 옮김, 《여성, 전쟁, 안식일, 노예제도》, 대장간, 2020.

존 하워드 요더, 신원하·권연경 옮김, 《예수의 정치학》, IVP, 2007.

평화주의, 정당한 전쟁, 정의로운 평화 만들기

Roth, John. *Choosing against War: A Christian View*. Intercourse, PA: Good Books, 2002.

Swartley, Willard M. *Violence Renounced*. Telford, PA: Pandora, 2000.

Yoder, John Howard. *When War Is Unjust: Being Honest in Just-War Thinking*. 2nd ed. Eugene, OR: Wipf & Stock, 2001.

글렌 H. 스타센, 신상길 옮김, 《평화의 일꾼》, 한국장로교출판사, 2003.

로이스 바렛, 전남식 옮김, 《하나님의 전쟁》, 대장간, 2012.

버나드 엘러, 황의무·배용하 옮김, 《무장하지 않는 자들을 무장시키는 왕: 성서에 나타난 전쟁과 평화》, 대장간, 2022.

존 드라이버, 이상규 옮김, 《군대 가는 그리스도인에게: 초대교회가 보낸 편지》, 대장간, 2021.

존 하워드 요더, 임형권 옮김, 《당신이라면?》, 대장간, 2011.

실천적 평화 만들기

일상 생활

Sande, Ken. *Resolving Everyday Conflict.* Grand Rapids, MI: Baker Books, 2011.

Slattery, Laura, Ken Butigan, Veronica Pelicaric, and Ken Preston-Pile. *Engage: Exploring Nonviolent Living.* Long Beach, CA: Pace e Bene Press, 2005.

장 바니에, 제병영 옮김, 《정의 없는 평화 없고, 용서 없는 정의 없다》, 다른우리, 2013.

갈등전환과 조정

Claassen, Roxanne and Ron Claassen. *Making Things Right: 32 Activities Teach Conflict Resolution and Mediation Skills.* Fresno, CA: Center for Peacemaking and Conflict Studies, Fresno

Pacific University, 1987.

Schrock-Shenk, Carolyn and Lawrence Ressler. *Making Peace with Conflict: Practical Skills for Conflict Transformation.* Scottdale, PA: Herald Press, 1999.

존 폴 레더락, 박지호 옮김, 《갈등전환》, 대장간, 2018.

회복적 정의

Marshall, Christopher D. *Beyond Retribution: A New Testament Vision for Justice, Crime, and Punishment.* Grand Rapids, MI: Eerdmans, 2001.

Myers, Ched and Elaine Enns. *Diverse Christian Practices of Restorative Justice and Peacemaking.* Maryknoll, NY: Orbis, 2009.

Myers, Ched and Elaine Enns. *New Testament Reflection on Restorative Justice and Peacemaking.* Maryknoll, NY: Orbis, 2009.

Van Ness, Daniel and Karen Heetderks Strong. *Restoring Justice: An Introduction to Restorative Justice.* 5th ed. Cincinnati, OH: Anderson Publishing, 2014.

하워드 제어, 손진 옮김, 《우리 시대의 회복적 정의》, 대장간, 2019.

기독교 평화 건설자들의 전기

King, Martin Luther. *Strength to Love.* Gift ed. Minneapolis: Fortress Press, 2010.

Larson, Jonathan P. *Making Friends among the Taliban*. Harrisonburg, VA: Herald Press, 2012.

Mehl-Laituri, Logan. *For God and Country (In That Order): Faith and Service for Ordinary Radicals*. Harrisonburg, VA: Herald Press, 2013.

넬슨 만델라, 김대중 옮김, 《자유를 향한 머나먼 길》, 두레, 2020.

돈 모슬리, G12 파트너즈 옮김, 《국경을 초월해 집 짓는 사람들》, 대장간, 2012.

레이마 그보위, 정미나 옮김, 《평화는 스스로 오지 않는다》, 비전과 리더십, 2012.

존 퍼킨슨, 신광은 옮김, 《정의를 강물처럼》, 대장간, 2012.

존 폴 레더락 선집

Lederach, John Paul. *Preparing for Peace: Conflict Transformation Across Cultures*. Syracuse, NY: Syracuse University Press, 1995.

Lederach, John Paul and Cynthia Sampson, eds. *From The Ground Up: Mennonite Contributions to International Peacebuilding*. Oxford, England: Oxford University Press, 2000.

Lederach, John Paul and Jan Moomaw Jenner, eds. *Into the Eye of the Storm: A Handbook of International Peacebuilding*. San Francisco: Jossey-Bass, 2002.

Lederach, John Paul and Angela Jill Lederach. *When Blood*

and Bones Cry Out: Journeys Through the Soundscape of Healing and Reconciliation. Santa Lucia, Queensland: University of Queensland Press, 2010; New York: Oxford University Press, 2011.

Lederach, John Paul. *The Poetic Unfolding of the Human Spirit.* Kalamazoo, MI: The Fetzer Institute, 2011.

존 폴 레더라크, 김동진 옮김, 《평화는 어떻게 만들어지는가》, 후마니타스, 2012.

존 폴 레더락, 김가연 옮김, 《도덕적 상상력》, 글항아리, 2016.

존 폴 레더락, 박지호 옮김, 《갈등전환》, 대장간, 2018.

영화

〈A Force More Powerful〉은 압제와 독재에 항거하여 사회 변화를 이루어 낸 비폭력 운동 여섯 건을 조명한 2000년도 PBS 다큐멘터리 시리즈다. 인종차별에 맞선 내슈빌 연좌 농성을 다룬 25분간의 대목이 특히 강렬한 인상을 남긴다. http://www.aforcemorepowerful.org

〈Bringing Down a Dictator〉는 2000년 10월 전 유고슬라비아 대통령 슬로보단 밀로셰비치(세르비아 민족주의를 주창하며 코소보, 크로아티아, 보스니아 등지에서 일으킨 내전과 학살로 2001년에 체포되어 국제 전범 재판을 받던 중 2006년 감옥에서 사망-옮긴이)를 극적으로 축출한 사건을 기록한 2002년도 다큐멘터리다. 많은 이들이 예상하듯 무력이 아니라, 대대적인 시민 불복종과 정직한 선거라는 창의적인 비폭력 전략으로 이루어 낸 결과였다.
http://www.aforcemorepowerful.org

〈Fambul Tok〉은 잔혹했던 시에라리온 내전의 가해자들과 피해자들이 전통에 바탕을 둔 진실 고백과 용서의 의식이라는 유례없는 프로그램에 참여하는 과정을 그린 2011년도 다큐멘터리다.
http://www.fambultok.com

〈The Power of Forgiveness〉는 아미시 공동체, 9.11 테러 현장, 틱낫한, 엘리 위젤Elie Wiesel(홀로코스트 생존자로 노벨평화상을 받은 작가이자 인권운동가−옮긴이)의 이야기를 엮은 용서에 관한 2008년도 다큐멘터리로, 토머스 무어Thomas Moore, 제임스 포브스James Forbes, 메리엔 윌리엄슨Marianne Williamson 등이 인터뷰에 참여했다.

〈Waging Peace〉는 기독교인과 이슬람교도가 갈등의 평화적인 해결책을 찾아가는 극적이고 도전적인 이야기를 들려주면서 기독교 세계와 이슬람 세계를 모두 관통하는 평화의 흐름을 살펴보는 2012년도 다큐멘터리다.

〈Women, War, and Peace〉는 세계화, 무기 밀매, 불법 거래가 교차하며 완전히 새로운 형태의 전쟁을 만들어 내는 탈냉전 시대에 여성들의 전략적 역할에 초점을 맞춘 2011년도 다큐멘터리다.
http://www.pbs.org/wnet/women-war-and-peace/

〈에즈 위 포기브As We Forgive〉는 르완다 여성 두 명이 1994년 대학살 당시 자신의 가족을 살해한 남성들과 대면하는 이야기를 담은 흡인력 있는 2008년도 다큐멘터리다. 화해가 이루어질 수 있을지 궁금증을 자아낸다.

〈잊혀진 전쟁의 기억Memory of Forgotten War〉은 한국전쟁 생존
자인 한국계 미국인 네 명이 들려주는 지극히 개인적인 이야기
를 통해 군사적 충돌이 야기하는 인적 희생을 생생히 보여 주는
2013년도 다큐멘터리다.
http://www.mufilms.org

기독교 평화 관련 단체와 공동체

Alternatives to Violence Project: https://avp.international

Bartimaeus Cooperative Ministries: http://bcm-net.org

Bruderhof Community: www.bruderhof.org

Community Peacemaker Teams: www.cpt.org

Duke Center for Reconciliation:
    http://divinity.duke.edu/initiatives-centers/center-reconciliation

Eastern Mennonite University Center for Justice and Peacemaking:
    http://www.emu.edu/cjp/

International Justice Mission: www.ijm.org

Jubilee Partners: www.jubileepartners.org

Kairos Palestine: www.kairospalestine.ps

Kroc Institute for International Peace Studies: http://kroc.nd.edu/

Lombard Mennonite Peace Center:
    http://www.lmpeacecenter.org/

갈등과 화해에 관한 추가 연구 자료

Mennonite Central Committee: www.mcc.org

Northeast Asia Regional Peacebuilding Institute: www.narpi.net

Peace & Justice Support Network, Mennonite Church USA: www.
pjsn.org

Reba Place Fellowship and Church: www.rebaplacefellowship.org

ReconciliAsian: www.reconciliasian.org

Sojourners: www.sojo.net

The Global Immersion Project: www.globalimmerse.org

The Simple Way: www.thesimpleway.org

Workshop: www.workshop.org.uk

박성희Sue Park-Hur와 허현Hyun Hur은 LA 지역의 평화단체 ReconciliAsian (www.
reconciliasian.org)의 공동 대표로, 미국 내 한인 및 아시안 이민교회의 평화 만들기
문화 향상에 힘쓰고 있다. 박성희는 미국메노나이트교회의 정의-평화 사역 총책임 목
사로 활동하고 있으며, 허현은 아나뱁티스트 메노나이트 성서신학교Anabaptist Mennonite
Biblical Seminary, AMBS 이사로 섬기고 있다.

앙드레 깅거리치 스토너André Gingerich Stoner는 인디애나주의 비영리 사회단체 Faith in
Indiana의 St. Joseph County 지부 책임자로 활동하고 있다. 이전에 메노나이트 교회
목사로 17년간 사역했으며, 그전에는 미국메노나이트교회에서 교회 관계 및 증언 부
서의 총책임자로 일했다.

실천으로 초대하기

존 허킨스와 제르 스위가트

1장. 내 딸에 대한 협박

꿈꾸기

- 가정이나 동네, 일터, 지역, 나라, 세상에서 깨어진 관계를 찾아 보라. 하나님께서는 그 회복을 보는 꿈을 주셨다.
- 그 꿈을 명명하고 다듬는 데 도움을 줄 수 있다고 믿는 사람들을 초대하라.
- 같은 상황에서 (신앙이나 사업, 정치적, 교육적, 비영리적 영역에서) 영향을 주는 사람들을 발견하라. 그들은 불가능한 똑같은 꿈을 꾸는 용기를 지녀 온 사람들이다.
- 이런 영향력이 있는 사람들이 어떻게 "꿈을 행동으로" 바꾸는지 알아보고, 공통된 꿈을 실현하기 위해 그들과 협력하라.

원수

- "원수"로 분류할 사람이나 집단을 찾아보라.
- 원수에 대해 "진실"이라고 규정하는 편견, 견해, 이야기, 두려움을 쭉 적어 보라. 기회가 있다면 그 원수에게 물어보고 싶은 내용을 적어 보라.
- 역사적으로 중요한 장소나 예배 장소, 깊은 아픔이 있는 곳처럼 원수에게 신성한 장소들을 겸허한 마음으로 방문해 보라.
- 책, 다큐멘터리, 팟캐스트, 발표 등을 통해 원수의 이야기를 들어보거나, 대화 자리에 참여해 원수들과 한 공간에 있어 보라.
- 원수에 대한 편견, 견해, 이야기, 두려움을 적었던 목록을 다시 펼쳐 새롭게 드러난 사실을 찾아보라.

2장. 하나님의 얼굴을 향해 돌아서기: 야곱과 에서

존엄성 부여

- **고상한 뒷담화** 기술을 연마하라. 그것은 남의 흉보기를 거부하고 미담만을 얘기하는 기술이다. 어느 날을 잡아 한번 시작해 보고 습관이 되는지 보라. 이런 연습을 통해 하나님께서 어떻게 나의 관점을 바꾸시고 상대방에 대한 "진실"을 바로잡으시는지 주의를 기울여 보라.

- 오늘 만나는 모든 사람(배우자, 자녀, 카페 점원, 노숙자 이웃, 동료 등)의 눈을 바라보겠다고 다짐하고 이런 실천이 어떤 변화를 가져오는지 주목해 보라.

여정으로서의 화해

- 야곱과 에서의 갈등 양상의 틀에서 볼 때 현재 다른 사람이나 집단과 겪고 있는 갈등이 도망, 회향, 만남, 포옹의 단계 중 어디쯤인지 확인해 보라.
- 포옹 단계나 포옹 이후의 삶이 어떤 모습일지 상상하고 적어 보라.
- 자신이 제공한 갈등의 원인을 인정하며 갈등을 향하고 상대편을 돌아보기 시작하라.
- 이해받기보다는 이해하고 싶다는 바람을 품고 겸손하고 호기심 있는 자세로 화해의 대화를 해 나가라.
- 용서를 받아야 할 곳에서 먼저 용서를 구하라. 용서를 베풀어야 할 곳에서는 관대하게 용서하라. 화해가 불가능해 보이는 곳에서는 중재를 모색하라.
- 포옹 후에는 건강한 소통 채널을 만들고 적정한 속도로 소통하면서 관계를 활성화하는 노력을 기울여라.

실천으로 초대하기

3장. 화해의 기술: 예수

- 신분, 민족 정체성, 종교적 정체성, 사회경제적 지위 가운데 어느 것이 타인에 대한 주목을 가장 가로막는지 생각해 보라. 신분이나 민족·종교적 정체성, 사회경제적 지위가 다른 사람과 개인적이고 인간적인 만남을 오늘 반드시 실천해 보라. 이때 자기 내면의 변화를 잘 살펴보라.

- 지금 이 순간에 집중하지 못하게 하는 가장 큰 요인을 찾아보라. 컴퓨터, 스마트폰, 과도한 의무와 같은 방해물을 의도적으로 거부하는 습관을 들여라. (예를 들면, 저녁 8시부터 아침 8시까지 컴퓨터와 전화기를 끄기, 일주일 동안 본래의 업무나 활동 외에는 거절하기) 이렇게 거부하는 도전과 더불어 임재의 아름다움에 주의를 기울여라.

- 일주일에 한 번 동네를 걸어 다니면서 기도하는 규칙을 만들라. 아름다운 것과 망가진 것에 주목해 보라. 하나님께서 내가 보기를 바라시는 것을 보게 해 달라고 간청하라.

자기 돌봄과 성찰의 기술

- 아래 세 질문에 대한 답을 들을 수 있게 홀로 고요히 묵상하는 시간을 매일 만들어라.

  1. 하나님, 오늘 제 모습이 어떻게 보이나요?

2. 예수님, 지금 제 마음이 예수님과 어떻게 함께할 수 있을까요?

3. 성령님, 오늘 하시는 일에 제가 어떻게 동참해야 할까요?

동행의 기술

- 신분이나 민족·종교적 정체성, 사회경제적 지위가 다르다고 여기는 사람들과 함께 식사하라. 그들에게 저녁 식사로 나눌 좋아하는 음식을 가져오라고 청하라. 겸손하면서도 호기심을 보이고 강자의 위치에 있지 않도록 조심하라. 그들에게서 하나님의 모습을 발견하고 기뻐하라.

- 자주 같이 식사하는 동료에게 만나서 같이 걷자고 청하라. 자주 만나는 이웃이나 가족, 친구에게 동네를 같이 거닐자고 청하라. 그 경험을 비교하고 대조해 보라.

4장. 태초에 갈등이 있었느니라: 창조

- 개인의 실천: 하나님께 이런 질문을 하면서 참회하는 습관을 들여라. '타인에게서 하나님의 모습을 더 뚜렷이 잘 보려면 제가 무엇을 참회해야 할까요?' 자만심을 뉘우쳐야 할지, 자라면서 받은 교육과 매체를 통해 깊이 박힌 편견, 선입견, 생각을 뉘우쳐야 할지, 분주함을 뉘우쳐야 할지 생각해 보라. 성령님의 속삭임에 주

실천으로 초대하기

의를 기울이고 성령님의 말씀에 따라 살아가라.

- 소그룹의 실천: 지역 무료 급식소나 사회 보호 시설에 불쑥 가서 봉사하기보다는 봉사하고자 하는 지역사회와 소속된 소그룹 사이에 일련의 원탁회의를 시작해 보라. 사람들의 이야기를 듣고, 고통에 귀를 기울이고, 고충을 이해하고, 성공을 축하하라. 그러면서 그들의 인간성과 존엄성 그리고 내면에 깃든 하나님의 모습을 발견하라.

- 공동체의 실천: 지역의 이맘과 랍비를 모임에 초대해 유일신을 믿는 이슬람교, 유대교, 기독교가 공유하는 토대를 살펴보면서 세 종교 전통의 차이점을 강조하기보다는 공통점을 부각하라. 이런 모임을 기대하면서 그전에 각 공동체의 실무진을 초대해 현재 상황에 득이 되도록 다 같이 공통분모를 찾는 방법을 생각해 보라. 실무진으로서 하나의 공동 프로젝트를 생각해 내고 신앙 공동체들이 실제로 공통분모를 함께 찾을 수 있도록 권유하라.

5장. 갈등이 불붙어 도움을 외쳐야 할 때: 시편

- 첫째, 아래 질문에 최대한 있는 그대로 솔직하게 답하면서 원수를 떠올리며 종이 한 장에다 원수를 묘사해 보라.
  1. 원수들이 그렇게 행동하는 원인은 무엇인가?

2. 원수들은 무엇에 열정을 보이는가?

3. 원수들이 하는 행동의 목적은 무엇인가?

4. 원수들의 어떤 점이 가장 경멸스러운가?

5. 당신과 원수들의 주된 차이점은 무엇인가?

6. 원수들이 자기 자식이나 형제자매, 배우자, 친구에게는 어떤 모습인가?

7. 원수들이 사회에 긍정적으로 기여한 바는 무엇인가?

• 둘째, 앞서 서술한 내용을 하나하나 정직하게 평가해 보라.

1. 같은 구석이 하나도 없는 원수의 모습을 그려냄으로써 원수로부터 자신을 어떻게 분리해 왔는지 생각해 보라.

2. 스스로 원수들보다 어떻게 우월하다고(다른 게 아니라 낫다고) 여겨 왔는지 생각해 보라.

3. 원수들에게서 인간 자격이 없다고 여기는 점은 무엇인지 생각해 보라.

• 셋째, 원수(혹은 원수를 대표하는 사람)에게 커피나 차를 마시자고 초대하라. 갈등을 해결하거나 자기 말을 이해시키려 들기보다는 그들의 이야기와 고통, 견해를 이해하려고 노력하라. 도움이 된다면 위의 질문들을 활용하라. 그들에 대해 알게 된 내용을 적고, 나중에 혼자 있을 때 앞서 자기 생각을 적은 내용과 비교해 보라. 두 내용의 차이를 잘 살펴보라.

실천으로 초대하기

6장. 진실, 자비, 정의, 평화: 시편 85편

- 예전에 갈등했다가 화해한 적이 있는 믿음직한 친구와 함께 거 닐면서 레더락이 말한 진실, 자비, 정의, 평화를 만나보라. 그때 발생해서 해결된 갈등을 다시 떠올려 복기하면서 서로에게 아래 질문을 던져 보라.

  진실: 실제로 무슨 일이 일어났고, 그 일로 어떤 영향을 받았나요?

  자비: 그때 일어난 일이 저(의도, 가치관 등)를 이해하는 데 어떤 영향을 주었나요? 저에 대한 어떤 이야기가 당신의 상상 속으로 스며들었나요? 이 이야기들이 우리 관계에 어떻게 걸림돌 이 됐나요?

  정의: 우리가 아직 화해하기 전에 당신의 관점에서 본 '정의'는 어떤 모습이었나요? 당신이 간절히 바란 정의는 무엇이었 나요?

  평화: 당신 자신을 괴롭히고 저를 인간으로 보지 않는 악순환에 서 벗어나기 위해 어떤 결정을 내렸나요?

7장. 두세 사람이 만나는 자리: 마태복음 18장

화해로 가는 공동의 과정

- **목사와 지도자:** 첫째, 교인 사이, 교인과 지도부 사이, 지도부 사이에 발생한 갈등을 다룬 방식을 장로 집단과 함께 정직하게 평가해 보라. 그런 제3자 평가가 얼마나 널리 퍼져 있는가? 취약성과 개인적 책임감은 일반적인가? 관계를 회복하려는 자신의 능력에 스스로 몇 점을 주겠는가? 현재 진행 중인 단계를 명확히 설명할 수 있는가? 둘째, 마태복음 18장과 이 책 7장의 자료를 참고해 당신이 이끄는 공동체 가족과 구성원뿐만 아니라 자신을 위한 과정이 되는 갈등전환 모색 과정을 함께 만들어 보라.

- **우리 모두:** 직접 관여하고 있으나 해결되지 않은 갈등을 생각해 보라. 아래 네 질문에 대해 깊이 생각해 보고 그 내용을 종이 한 장에 적은 다음, 화해로 나아가려는 노력을 격려해 줄 만한 멘토나 목사, 든든한 친구들과 공유해 보라.

  자기 인식: 이 갈등으로 마음에 드는 내 모습과 마음에 안 드는 내 모습이 어떻게 드러나는가?

  제3자 평가: 직접 갈등을 겪고 있는 사람(들) 말고 이 갈등에 대해 누구와 이야기해 본 적이 있는가? 그 대화가 화해를 향해 나아가려는 나에게 영감을 주었는지, 아니면 내 입장을 더 정당화하고 갈등을 심화시켰는지 평가해 보라.

수동적 공격성: 수동적인 공격성을 품고서 이 갈등을 어떻게 다루려 했는가?

올바름: 이 일에 대한 '올바른' 행동이 내게 왜 그렇게 중요한가?

원인 제공: 내가 갈등의 발생이나 지속에 어떤 원인을 제공했는가?

8장. 침묵과 경청: 사도행전 15장

- 첫째, 소속된 신앙 공동체나 소그룹, 신뢰하는 친구 그룹과 함께, 거주하는 도시나 동네에서 가장 심하게 깨어진 관계를 최선을 다해 찾아보라.

- 둘째, 그런 관계 손상에 가장 큰 영향을 받은 사람들 그룹과 더불어 그것을 회복하려는 영향력 있는 사람들이나 단체가 어딘지 알아내는 조사를 해 보라.

- 셋째, 그런 영향을 받은 이들을 대표함은 물론, 그 사안에 시간을 들여 듣고 배우고자 하는 다양한 사람들이 있는 공동체를 초대하라.

- 넷째, 주최하는 공동체로서, 안전하게 듣고 배울 수 있는 환경을 조성해 이들을 잘 맞이하라. 서로 도움을 청한 적이 있는 사람들을 초대하라.

1. 문제를 규정하고 이해하기: 문제의 원인이 무엇인가? 영향을 받은 사람들은 누구이며 그 영향은 어떻게 보이고 느껴지는가? 문제를 해결하기 위해 역사적으로 시도한 일들이 어떤 영향을 끼쳤는가? 문제에 대해서 낯설고 다양한 관점과 경험이 생겨날 때마다 호기심을 느낄 여지를 남기면 총체적으로 이해할 수 있을 것이다.

2. 다음 질문을 중심으로 활발한 대화를 이끌기: 깨어진 관계를 회복하기 위해 앞으로 10일, 10주, 10개월 동안 취할 수 있는 조치는 무엇인가? 계속 배우고 협업할 수 있도록 같은 시간대에 후속 대화 자리를 쭉 마련하라.

9장. 화해가 곧 복음이다: 바울 서신

- **목사와 지도자:** 하나님의 사명을 함께 이해하려고 노력하면서 아래 질문을 중심으로 대화를 진행하라.

1. 성경(또는 스마트폰)을 보지 않고 '하나님의 사명은 무엇인가?'라는 질문을 던져라. 질문을 이렇게 해 볼 수도 있다. '예수의 삶과 죽음, 부활을 통해 하나님께서는 무엇을 이루어내셨나?' 이 질문에 대한 사람들의 대답을 모두 화면이나 큰 종이에 옮겨라. 답변의 다양성과 유사성을 잘 살펴보라.

실천으로 초대하기

2. 우리 교회의 주요 프로그램에서 하나님의 사명이 무엇인지에 관해 뭐라고 소통하는가? 주요 프로그램을 나열한 다음, 각각에 명시된 목적을 밝혀진 대로 적어 보라. 아울러 거기에 나타나는 하나님 사명의 새로운 정의를 적어 보라.

3. 고린도후서 5장 18~20절에 하나님의 사명과 더불어 하나님 백성의 소명이 무엇이라고 나오는가?

4. 이 세상에서, 우리의 상황 속에서, 서로 간에 어떻게 자세를 바꾸고 실천해야 화해의 사명에 하나님과 더 잘 함께할 수 있을까?

- **우리 모두**: 개인의 생활이나 상황 혹은 이 세상에서 관계가 깨어져 예수께서 당신을 초대하는 문제를 하나 정하고 이렇게 자문해 보라. '인간의 문제를 향해 겸허히 나아가고 혼란 속에서 살기로 선택하기' 위해 앞으로 10일, 10주, 10개월 동안 취할 수 있는 조치는 무엇인가? 그 내용을 쭉 적고서 믿음직한 친구들과 공유하라. 그들을 이 여정에 초대해 책임감을 유지하면서 동행하라.

존 허킨스와 제르 스위가트는 국제 갈등에 뛰어들어 날마다 평화를 일구는 '글로벌 이머전 프로젝트(www.globalimmerse.org)'의 공동 대표다.

학습 가이드 형식의 토론 질문은 www.heraldpress.com/Studygds/reconcile 사이트를 참조하라. 애리조나주 피닉스의 트리니티메노나이트교회Trinity Mennonite Church 담임 목사인 할 슈레이더Hal Shrader가 학습을 이끄는 토론 질문을 만들었다.

존 폴 레더락은 평화학자이자 갈등전환학이라는 새로운 분
야를 개척한 국제분쟁 조정가다. 사회학자로서 국제 사회의 갈등을
연구하고 가르치며 후학을 양성했다. 세계 전역에서 그의 영향을
받은 지역사회 및 국제분쟁 조정가들을 만나는 일은 그리 어렵지 않
다. 그런 면에서 그는 학자이자 실천가다. 역사적 평화교회에 속한
메노나이트 신자로서 아나뱁티스트 평화(신)학을 종교 안에 머무르
게 두지 않고 세계 여러 곳에서 실천할 수 있는 프락시스praxis로 드
러낸 것은 그 자체로 상찬할 일이다. 그는 평화가 상상력과 언어의
한계 안에 머물러 있지 않도록 25개국의 갈등과 분쟁 현장에서 참
된 화해를 추구하며 살았다.

《화해》는 갈등과 화해, 폭력과 평화라는 주제를 포기하지 않고
씨름해 온 존 폴 레더락의 인생 이야기다. 이 책은 1999년에 출간
된 《화해를 향한 여정 The Journey Toward Reconciliation》(국내에는 KAP가 2010년
번역 출간)의 개정판이다. 사람이 흔히 겪는 갈등을 제대로 다루지

못하면 관계가 어려워진다. 관계 속 갈등이 오해로 이어지고 꼬여서 도저히 풀 수 없는 상황이 되면 폭력으로 치닫는다. 개인은 관계의 파국을, 기관은 예상치 못한 파행을, 국가는 돌이킬 수 없는 전쟁을 겪는다. 막대한 피해가 발생하고 상처만 남는다. 치유할 수 없는 상처는 개인적, 사회적, 국가적 트라우마를 남긴다. 세계 곳곳에서 갈등의 참상을 목도하는 와중에 이 책은 모든 사람이 경험하는 관계의 문제를 직면하고 해결의 가능성을 성찰해 보도록 안내한다.

그러므로 《화해》는 존 폴 레더락이 미리 걸어온 길을 함께 걸어 보자는 초대장이다. "책 속에 길이 있다"는 말처럼 여기에는 화해의 여정을 걸어간 사람들의 삶이 들어 있다. 저자 자신을 포함하여 사선을 넘나드는 사람들의 긴장, 갈등, 위협, 폭력의 민낯은 물론 그 이면에 도사리고 있는 인간의 연약함, 관계의 위태로움, 평화의 취약성, 보장되지 않은 화해의 절박함을 세세히 들여다보도록 독자들을 초대한다.

갈등과 화해는 개인, 지역사회, 국가, 국제 관계 등 다양한 층위에서 일어난다. 갈등을 마주했을 때 건설적으로 반응하지 못하거나 폭력적으로 반응하면 스트레스, 고뇌, 폭력을 겪게 되고 결국 몸과 마음의 상처로 이어진다. 사람들은 원하든 원하지 않든 이러한 폭력적 상황을 너무 쉽게 현실로 받아들인다. 그래서인지 현실의 참혹함을 똑바로 바라보며 화해를 향한 발걸음을 내딛거나 화해를 향한 여정을 떠나려는 사람은 그리 많지 않다. 이것이 비극이다.

고맙게도 존 폴 레더락은 상상하기조차 힘든 폭력의 상황을 마주하면서도 'reconcile'이라는 단어를 포기하지 않았다. 오히려 그는 화해로 나아가기 위해 진실, 자비, 정의, 용서, 사랑을 삶의 현장으로 소환하고 상상력과 이상을 실행으로 옮겼다. 이 책을 번역하면서 그가 어쩌다가 "갈등전환"이라는 새로운 개념과 용어를 실용적인 학문으로 정착시킬 수 있었는지 이해할 수 있었다. 갈등을 회피하지 않고 현장에서 평생토록 씨름해 온 활동가, 사회학자, 평화학자였기에 가능한 일이었으리라! 그렇게 그는 우리 삶이 비극으로 끝나지 않고 우리가 용서하고 화해함으로써 평화를 누리도록 희망의 씨앗을 심고 있었다.

　앞서 언급했듯이 이 책은 1999년에 나온 《화해를 향한 여정》의 개정판이다. 새천년에 들어서자마자 발생한 9.11 테러 이후 달라진 국제 관계를 반영하여 내용을 깁고 다듬어 2014년에 《화해》라는 제목으로 개정 출간됐다. 현시점에서 보면 10년 전에 나온 책이지만, 시대를 넘어 영원으로 이어질 내용으로 가득하다. 이전 책과 달리 개정판은 갈등을 이해하고 해결하는 데 도움이 되는 다양한 자료를 제공한다. 개인 및 대인 갈등을 이해하기 위한 도구, 진심 어린 의사소통과 문제 해결 방식, 공동체 내 갈등의 변화와 대응 방식, 그리고 국제적 갈등과 테러를 이해하고 대응하는 방법 등 참된 화해를 이루는 데 참고할 만한 자료가 체계적으로 정리되어 있다. 그냥 지나치지 않고 살펴볼 가치가 충분한 '실용 지침'이자 '적정 기술'이다.

　　　　　　　　　　　　　　　　　　　　　　옮긴이의 말

이 책은 용서와 화해의 나침반과 지도가 들어 있는 여행 안내서이기도 하다. 독자가 원한다면 개인, 공동체, 지역사회, 국가라는 서로 다른 층위에서 발생하는 갈등과 폭력은 물론 오랜 역사를 거치면서 뿌리내린 구조적, 문화적 폭력을 직면하고 해결하는 다양한 경로를 안내받을 수 있다. 레더락은 이 책을 다음과 같이 끝맺는다. "화해를 향해 나아가려면 상황이 달라질 수 있다는 꿈을 품고서 발을 땅에 디디고 현실적인 문제의 파동을 고스란히 느끼며 머리를 구름 위에 두어야 한다."

갈등, 폭력, 전쟁이 만연한 현실에 발을 딛고서 진실, 자비, 정의, 평화가 어우러지는 참된 회복을 바라는 꿈과 이상을 품고 살아가라는 의미다. 그의 바람처럼 이 책을 읽는 모든 이가 폭력이 난무하는 세상 한가운데에서, 낙심과 포기 대신 평화에 대한 희망을 품을 수 있길 빈다. 레더락이 걸어 온 길을 밟아 보고, 그가 들려주는 이야기를 반추하며, 화해의 여정으로 향하는 길을 함께 떠날 수 있길 바란다.

끝으로 번역 과정에서 종교적인 언어와 색채에 갇혀 있던 평화의 영성을 일상의 언어와 다채로운 빛깔로 지평을 넓혀 주신 허윤정 번역가와 이 책의 출간 가능성을 문의했을 때 흔쾌히 허락해 주신 손성실 대표께도 진심으로 감사드린다.

김복기